なぜ日本の「ご飯」は美味[illegible]か

～韓国人による日韓比較論～

シンシアリー

Sincere LEE

新書版のためのまえがき

韓国の大手新聞・韓国日報の二〇一七年十月四日付の記事に、韓国文化観光研究院が全国二千四百六十七世帯、十五歳以上の韓国人六千三百九人を対象に調査した「二〇一六年国民旅行実態調査」というレポートが載っていました。

調査対象の中で、国内旅行より海外旅行に行きたいとの意向を持つ国民は五十・七％（国内旅行の意向が四九・三％）で、その海外旅行先として日本がもっとも選ばれている（十五・二％）ことがわかりました。アメリカが九・七％、中国九・〇％、フランス八・三％……の順でした。

毎日のように反日、反日と騒がしい大韓民国で、もっとも選ばれる海外旅行先が日本だとは、これは明らかに矛盾《むじゅん》した結果であります。記事を載せた韓国日報も、「意外だ」と書いていました。どうやら、一年前に拙著『なぜ日本のご飯は美味しいのか～韓国人による日韓比較論～』（扶桑社）に書いた、「日本なんか大嫌いだと言いつつ日本に観光に来て、日本は大したことないと文句を言いつつ帰り、その翌年にはまた日本に来る」、韓国人の日本旅行パターンは、そう変わっていないようです。

その拙著の新書版となる本書にも同じ趣旨の内容がありますが、私は、前からブログで「韓国の反日思想には、日本になりたいという憧《あこが》れも、日本になれないという絶望も含まれている」と書いてきました。その複雑な心理こそ、この「意外な」現象を説明できる、数少ないヒントでありましょう。

日本を訪れた大勢の韓国人観光客の中に、「反日」という名の呪縛で制限されていない、純粋な憧れを抱いた人はどれくらいいるのでしょうか。残念ながら、ほとんどいないことでしょう。

私は、自分自身が、その数少ない中の一人だったと思っています。私が何か特別で優秀だからではありません。ただ、生まれ、育ちながら、天運に恵まれただけです。私は「憧れ」の源を「好き」から見出し、「好き」の源を「知る」から見出すことができました。結果、私は二〇一七年春に祖国を離れ、日本に滞在することとなりました。日本のことをもっと知るためです。

それから、日本という国に対する私の「知る」が、「好き」が、「憧れ」がどうなったのか、その結果は、まだ出ていません。十年後になるのか、五十年後になるのか、自分自身、わかりません。ただ、自分で決めた自分の人生ですから、キャンセルはありません。自己責任で、最後まで「日本で暮らす」選択を、貫き通すつもりです。

本書の単行本版は二〇一六年九月、韓国を離れるまでの内容を記した「新書版のための新章」を執筆したのが二〇一七年十月となりますから、ちょうど一年の時間が流れたことになります。その一年の間、私が何を思い、何を決め、どう動いたかを、書いてあります。

これからは、「日本で暮らすようになってから感じたこと、わかったこと」を書いていくことになるでしょう。そうならないと、著述家として日本に滞在する意味がありません。

そういう意味では、本書こそが、「これまでの観光客シンシアリー」と、「これからの日本の住民シンシアリー」を繋げてくれる、私の人生の無二の宝物になってくれるだろうと信じています。そして、その内容が、本書をお読みの貴方にも、どのような形であれ、肯定的な影響を及ぼしてくれるなら、それは私の人生のさらなる喜び、さらなる自慢になることでしょう。

この本を手にとってくださった貴方にも、ブログやSNS上でシンシアリーを支えてくださった皆さんにも、また、扶桑社の方々にも、心からもう一度お礼を申し上げます。

シンシアリー

二〇一七年十月　日本にて

はじめに

「はじめまして」か、それとも「お久しぶり」か。どう申すべきかわかりませんが、本書を手にとってくださり、ありがとうございます。

私はシンシアリーという筆名を使っている者で、韓国のとあるところで歯科医院をやっている四十代の男です（二〇一七年春より著述家）。

併合時代に小学生だった母から聞いた話や、日本側の資料、いくつかの書籍などから、私は韓国人なら誰もがかかっている「反日思想」たる黒魔術から覚めることができました。

それから「シンシアリーのブログ」というのを日本語で書くことになりました。その後、天運に恵まれ、扶桑社の方々のおかげで本まで出せるようになり、多くの読者の皆さんにお読みいただいた韓国の反日思想の内情を中心に書いたシリーズ五冊は累計四十万部を超え、早くも本書が六冊目となります（現在は、本書で拙著十冊目、累計五十万部）。

今までは韓国の反日思想に関する現状や心理などを書いてきましたが、本書はなんと！ブログに書いていた人気シリーズ「日本旅行記」を再構成したものになります。

私が今まで日本を訪れ、見て、聞き、感じ、自分なりに「正解が何なのかを気にせず、自由に考察してみた内容」がメインとなります。旅行記というより、「旅考記」として皆さんに読んでいただければ、嬉しさこのうえなしです。

私は今まで「持論を展開するにおいて例外を気にしてはいけない。それでは何も言えなくなる」と書いてきましたが、さすがに本書はちょっと違います。

個人的な経験に基づいたエピソードが多い分、私は「嘘など書いていない」という自信がありますが、長い年月をかけて特定集団に根づいた思想や心理の話とは違い、ひとりの経験が他の人の経験に当てはまるとは言い切れません。個人の経験とはそういうものですから。ただ、もし同じ経験をした人が他にもいるなら、または経験していながらも今までその内容に気づかなかった人がいるなら、その経験が集まってさらなる説得力を発揮し、誰かの持論の成立に役立つこともあるものでしょう。

ひとりの観光客が書いた、「経験」による日韓比較論。これがすべてではないですが、微塵《みじん》たる一部として役に立つこともあるものでしょう。本書がそうなれることを願ってやみません。

二〇一六年八月　韓国にて

シンシアリー

目次

新書版のためのまえがき　3

はじめに　6

●● 第一章 ●●

観光客が激減する韓国、急増する日本

日本旅行のはじまり……18
韓国に根強く残っていた「偏見」……19
「長男には父母の扶養責任がある」
という認識を持つ韓国民はわずか二・〇％……23
「障害者専用を守らない人が多すぎる」駐車場……25
金浦空港国際線ビルにある「独島」（竹島）の模型……27

目次

「大手ホテル」業績不振の最大の原因は「日本人観光客」の激減……30
「領土問題」を空港で堂々と展開する「愛国ごっこ」……32
訪日外国人観光客が二千万人を突破……37
「主要観光アウトバウンド国」の訪韓が三年で四十％減……40
中国人が「韓国には二度と来たくない」と言う理由……41
日韓の「見えない差」とは……46
日本ではありえない九十五人死亡「加湿器殺菌剤問題」の企業対応……48
「恵まれた走者」たる日本人……52
日本はさらに「自国の価値」を高めるチャンスを手にしている……54
「日本人は韓国人より本を読まない」？「読書率データ」のカラクリ……56
「韓国鉄道公社」が悲鳴を上げた想像を超える「無賃乗車数」……60
地下鉄車両内に現れる「組織化」された物乞いたち……64
なぜ「日本の駅」では人とぶつからないのか？……65
外国人店員に身につけてほしい日本の良さ……69
「ありがとう」「すみません」がもたらす効用……70

●● 第二章 ●●

なぜ日本の「ご飯」は美味しいのか

外国人から見た「秋葉原」…… 74
日本の「ご飯」は圧倒的に韓国より美味しい…… 75
●その一・「質」より「量」を重視する韓国の稲作…… 77
口蹄疫《こうていえき》の家畜が処分後も自然分解されないままの土地で作られた農作物…… 83
自営業比率の高い韓国人の人生は「起承転鶏」!?…… 85
韓国で「ステンレス製」の食器が大ヒットした理由…… 87
●その二・ご飯の保管方法…… 90
●その三・韓国料理の変質…… 92
日本の食品消費者は「味」をもっとも大事にする…… 95
●その四・韓国「接待文化」の副作用…… 96
客の食べ残しを別の客にまた出す「残飯再利用」の実態…… 99
「十年生存率」が六・八％のジリ貧飲食店にとって「ご飯」は邪魔者…… 101
ご飯が美味しくなる「隠し味」は、日本の「おもてなし」の心…… 104

現状についての「自覚」がなければ「向上」もない……106
「日本のせいで米を食べることができなかった」自称知識人の矛盾……109

第三章 日韓比較・国を語る五つの象徴

二つの「財閥」サムスン、ヒュンダイの売り上げはGDPの三十五％……114
国内の雇用には貢献せず「富益富・貧益貧」を深刻化させた財閥……115
財閥に設けられた「雇用世襲条項」……117
若い世代が絶望した「スプーン階級論」……118
就業者の八十％がサラリーマンの国・日本……123
日本の多種多様な「サブカルチャー」の成熟度……124
なぜ「一つ」しか認めないことが民主主義なのか？……126
「異なる」を「間違っている」と断罪し敵視する社会……129
「中古品」が美しい日本、最悪詐欺だったりする韓国……131
インターネットで買い物をしたらレンガやトイレットペーパーが届く!?……133

韓国を象徴する「お金を投げる人」……136
店中走り回り「栓抜き」を探してくれる日本のコンビニ……139
弁当を袋に「立てて」入れる韓国のコンビニ……142
「日本の宿」の代名詞と言えば「ビジネスホテル」……144
「宿泊施設＝売春施設」のイメージを持つ韓国人……145

●● 第四章 ●●

韓国人が買いたくても買えない「ニッポンブランド」と「日本の魂」

日本の木である「桜」を迫害した李承晩政権……150
「ソメイヨシノは韓国原産」のトンデモ論……152
あるときは「憎み」、あるときは「憧れ」の対象となる日本……155
「偽造品を買って何が悪い！」の裏側にある「相対的剥奪感」……158
韓国は日本になりたくてもなれない……161
国民に綺麗な水を提供する国、その国を信頼する国民……165

目次

韓国の深刻な社会問題である「空気汚染」……167
韓国の「ディーゼル車」の割合は日本の三十倍以上……169
日本の環境に対する評価……171
「そこでしか手に入らないもの」がある日本の商店街……173
「墓地」が街中にもある日本、「恨みの場所」である韓国……176
「日本人は唯物論者。仕方ないと諦める」……178
艱難《かんなん》辛苦にあっても「貴し」が受け継がれる日本の魂……182
韓国人の宗教観……188
儒教がもたらした韓国人の「超物質主義」……191
大げさなクラクション、報復運転……韓国の攻撃的な「運転マナー」……193
外国人を狙った「ボッタクリ価格」がない日本……197
喧嘩にならない「浅草神社」と「浅草寺」……199
韓国人には「創業百年」も無意味……
「高所得の職業」以外は「負け犬の職業」……201
湯船のそばに悪臭を放つ「小便器」がある韓国の温泉……206
韓国人にとって湯は「汚いものを洗い流す場所」……210

銭湯五十九カ所中二十四カ所から「レジオネラ菌」が検出!……213
韓国で綺麗な湯に浸かる方法……216
「原価をかけていないもの」を見下す韓国人の職業観……220
韓国の通説「日本の女は淫乱だ」……224

第五章　「高信頼社会」日本、「低信頼社会」韓国

「あなたはどうしたいか」ではなく「私はどうしたいか」を徹底的に貫く国民性……228
「上下関係」を命より大事にする韓国……231
「偽物の主張」を作り出し叩く「カカシ論法」……233
韓国が「低信頼社会」である理由……235
ニッポン　サヨウナラ……いずれ、また……238

●● 新書版のための新章 ●●

「日本某所の住民になりました」

「第二の人生」を求める内なる声……242
今、なぜ日本に「移住」するのか……245
日本で暮らしたい大作戦――在留資格の取得……248
日本でお金を稼ぐことができるかどうか……251
「著述家」としての在留資格取得に成功！……253
韓国では書類手続きでも「ゴールポスト」が動くのが当たり前……255
日本への資金送金で銀行、税務署をたらい回し……258
「日本での滞在は移住ではない」……261
韓国では「面倒だけど言われた通りにしたらさらに面倒になる」……263
歯科医院の引き継ぎと「ありがとう」……266
韓国人にとってマンションの住民は「貴族」、戸建ては「負け組」……270
日本と韓国の住環境の決定的な違い……274
韓国で小さな車が売れないのは「人に見下される」から!?……278

日本の自転車が「チャリン」を鳴らさない理由に驚く……279
できないことでもとりあえず「できます」と答える韓国人……281
姉がかけてくれた言葉――「日本に行くなら、私は止めない」……284
「観光客」ではなく、光も影も知る「住民」として生きる……286
もっと日本の「好き」を見つけるために……288

第一章

観光客が激減する韓国、急増する日本

日本旅行のはじまり

二〇一六年、四月某日。ちょうど朝六時に金浦《キンポ》（ＧＩＭＰＯ）空港に到着しました。今日は、二カ月前から準備してきた日本旅行の日です。

今まで二十回以上も日本に行き、東京、横浜（みなとみらい）、三春（滝桜）、小田原、箱根、熱海、鎌倉、伊豆、神戸、京都、静岡、富士宮などに行ってみましたが、いつも短い日程でした。

韓国は日本と比べて大型連休が少ない国です。「ソル」（旧暦の一月一日）、「チュソク」（旧暦の八月十五日）など連休になる日が旧暦で決まるため、毎年少しずつ日付が異なり、四～五日の連休になる年はめずらしいです。あとは、人によりますが、夏の休暇が代表的な長い休みですね。

今回もまた無理矢理作った週末だけの短い日程。私だけでなく、一緒に日本を訪れる姉とその娘（私の姪）もやっと作った休みです。遠くへは行けず、金浦から羽田空港に降りて、東京周辺だけになるでしょう。

いつだったか、これをブログで「日帝（日程）のせい」と書いたら大ウケして、今では私のブログの人気フレーズになっています。なんでも日帝のせいだとする、韓国の「反日史観」への皮肉です。

短いこともなんのその、朝早くの運転の疲れもなんのその。日本旅行は、私の人生最大級の楽しみです。姉と姪は日本の桜をまだ見たことがないので、ホテルから近い上野公園、隅田公園などを回ってみるつもりです。

韓国に根強く残っていた「偏見」

さて、登場人物（といっていいのか）の紹介でもしてみましょうか。

日本で言う「数え年」で、姉はちょうど今年で六十です。料理、とくにソース作りが得意で、そっち系の仕事をしています。日本語はできませんし、国際関係などにも鈍《にぶ》い人ですが、韓国で言う「日帝強占期」（併合時代）のことはあまり信じておらず、反日関連の話も「ふーん」という程度しか興味がありません。その理由は、亡くなった祖母の教えで、「自分で見てもいないことで人や事の柄《がら》を判断してはいけない」からだそうです。

姉が幼かった頃ですから、一九六〇年代の話だと思います。

姉が住んでいた町の「ジャント」（屋台や露店が集まって定期的に市場ができる場所）の一角に、そこそこ高い食材を扱う屋台を運営するおじさんがいました。彼のことで、町の子どもたちの間には、「ものすごく怖い人で、裏で悪いことをしている」という噂が立っていました。たしかに、おじさんはいつも難しい顔をしていて、体も大柄で、無口で、子どもたちに好かれるイメージではありませんでした。でも、悪い噂とやらにこれといって根拠があったわけではありません。

子どもは、いつの時代でもそういう噂に弱いものですから。姉はそのおじさんが怖くて怖くて仕方がなかったと言います。

ですが、祖母はそうでもありませんでした。祖母はソルなど特別な日が近づくと、いつも姉を連れてその店で食材を買いました。

祖母はいつもおじさんのことを「名前まで」ちゃんと呼びました。韓国では姓に氏を付けて人を呼ぶこと（たとえば「李氏」）は、そのニュアンスにもよるものの、人を見下す表現にもなります。姓だけでなく名前まで含めて「氏」を付けて呼ぶこと（たとえば「李○△氏」）は、相対的に丁重な呼び方になります。

それだけではなく、なんと祖母は彼に敬語まで使いました。他の人たちは、皆、彼を「姓」だけ、または「おいっ」「ほら、おまえ」と呼び、敬語も使いませんでした。一九六○年代になったとはいえ、物売りたちを下の階級のように見下す、朝鮮時代の身分制度の影響が、人々の頭の中に強く残っていたからです。

しかも、買い物の用事だけさっさと済ませればいいのに、寒くなったとか風邪に気をつけてとか、祖母はおじさんと親しく世間話ばかり。姉はただ怖くて、祖母にくっついているだけだったそうです。

そしてある日、遠くに住んでいた親戚の葬式のため、祖母と母は家を留守にし、ソルの前日になってやっと家に帰ってきました。当時はまだ、特別な日でもないと肉が食べられない時代だったため、姉（および子ども一同）はガッカリしました。「ごめんなさいね。今年は何も用意できなかった」と祖母が子どもたちを慰《なぐさ》めていたところ、あの「怖くてたぶん悪いおじさん」が、やってきました。

彼は、「今年も一年、世話になりました」と、当時としてはもっとも良い牛の肉を渡してくれました。今もそうですが、韓国では、牛肉は格の高い贈り物として扱われます。皆が大喜びだったのは、言うまでもありません。その日、姉は礼を言うついでに、初めてそのおじさんと会話をしましたが、彼はとてもやさしく、子ども好きな人でした。噂は、すべてデタラメでした。

実は、祖母が店に来るといつも掘り出し物を見せてくれるなど、彼なりに「（今時の言葉で）サービス」をしていたことも、あとでわかりました。肉を持ってきてくれたのも、祖母たちが留守だったのを知っていたからでしょう。

その後、姉から話を聞いた祖母は、姉に言いました。「自分で見てもいないことで人や事の柄を判断してはいけない」。

姉は、キリスト教の信仰心以外では、いつもその言葉を信条にしています。

姉は二、三回私と一緒に日本に来たこともあり、今はすっかり親日モードです。

その姉の娘、姪も一緒です。歳は、あとが怖いので「姉の年齢からするとかなり若い」とだけ書いておきます。たぶん、永久未婚（仮）。

姪もまた政治とか複雑なものには無関心な子ですが、好き嫌いがハッキリ顔に出るタイプです。「日本が好き」で、それ以上の理由は要らないというスタンスです。会社で嫌なことがあるたびに「日本に亡命してやる」が口癖ですが、仕事は超真面目。「毎日診療室に座っていて、人と会うのもほとんどが歯医者と患者という関係」の私に比べ、ある意味では真逆の「普通に出退勤する会社員の女の子」。

同じところを見まわっていても、姪には、私には見えないものが見えているようです。本書でも、姪から言われて「あ、そういえば」と気づいた内容がいくつか載っています。

日本に来ると「建物のデザイン」「車の色」などがスバラシイといつも言っています。ポケットモンスターのピカチュウが大好きで、妖怪ウォッチのキャラをライバル視しているようです。

他にも家族はいますが、「名節《ミョンジョル》の日」（ソルやチュソクのような伝統的な祝日である名節には、義務というほどではありませんが、家族が親の家に集まることになっています）でもないかぎり、なかなか一カ所に集まるのが難しいですね。親が死んでからは、とくにそうなりました。

「長男には父母の扶養責任がある」という認識を持つ韓国民はわずか二・〇%

韓国の家庭を描く韓流ドラマなどを見ると、三世代が一つの家で暮らし、食事なども一緒にするシーンが多いですよね。ああいうのを見て「これが韓国人の一般的な家庭なのか」と思われる方もいらっしゃるでしょう。

でも、現状は違います。むしろ、一般的ではなく、なかなか見られない理想の姿だと言うべきではないでしょうか。

「忠」（国に忠誠）と「孝」（親に孝道）は韓国人の最大の美徳とされてきました。そこから「孝を大事にする韓国人はそういう家庭を作るべきだ」という認識はまだ残っているものの、実際にそういう家庭（世帯）はほとんどないからです。

朝鮮時代から異常なほど強く、そして急激に朝鮮半島の人たちの精神世界を支配するようになった「儒教思想」では、長男が親の家を始めとする経済力のすべてを受け継《つ》ぐことになっていました。だから、親の老後は長男が責任を取るのが当然とされていました。ですが、時代が変わり、「長男だから」という理由だけで親を扶養することは現実的に難しくなりました。また、昔のように遺産を独り占めできるわけでもありません。長男以外の家族たちも親の遺産を要求するようになりました。孝を経済的な側面だけで考えるのも息苦しい話ではありますが、こういう遺産関係の問題は、人々の考えを大いに変える一因となりました。

今では、韓国保健社会研究所が発表したデータ（二〇一四年）によると、「長男には父母の扶養責任がある」という認識を持つ韓国民はわずか二・〇％しかいません。十五年前となる一九九八年は二十二・四％でした。

「父母の扶養はその家族の責任だ」という韓国民の認識も、三十一・七％まで下がっています（一九九八年は八十九・九％）。逆に、「社会その他（家族以外）の責任だ」とする認識は五十一・七％まで上がりました（一九九八年にはわずか二％）。

その一方、韓国でもひとりで暮らす人たちが増えました。

ひとりで暮らす道を選ぶ若い世代が増え、ひとり残される高年齢者が増えたという意味ですね。統計庁の統計を見ると、二〇一四年十二月の時点で、韓国のひとり世帯は全体の三十四・〇一％まで増えています。ふたり世帯が二十・七四％、三人世帯十八・五三％、四人世帯が十九・六三％。

三世代が一緒に暮らす家庭は、わずか六・二％しか残っていません。日本の場合は六十五歳以上の高齢者のいる三世代家庭が十三・二％（二〇一三年）ですから、むしろ三世代仲良く食事する場面は日本のほうが多いかもしれませんね。

私はひとり暮らしで、姉は姪とふたり世帯となります。

「障害者専用を守らない人が多すぎる」駐車場

仲良し三人家族を乗せたCチャン（私の車の愛称）、国際線用の駐車場に入ります。金浦空港国際線の駐車場は、何年か前に新しく作られたもので、地下にあります。地下二階で空《あ》いたところを発見。駐車しようとしたら、「〇〇〇〇（私の車のナンバー）は登録車両ではありません」と、機械の声で、他へ行けと警告メッセージが発せられました。

たぶん、私の車が障害者専用の駐車スペースに入ろうとしたと判断したようです。国家公認の障害者として登録した人の車でないと、駐車できません。もちろん、私は障害者スペースに駐車しようとしたわけではありません。近くに駐車するために「T」の字で車を動かしていたら、おそらくなにかのセンサーに引っかかったようです。

「登録車両ではありません登録車両ではありません登録車両ではありません」と四、五回ありがたい警告を喰《く》らったものの、「はいはい、駐車下手ですみませんー」と心をこめて返事しながら、無事に駐車に成功しました。

「障害者専用を守らない（障害者でもないのに駐車する）人が多すぎる」というニュースを定期的に耳にしますが、そのための設備なのでしょうか。いつからあったのかはわかりませんが、車のナンバーまで読み上げるとはなかなかのものです。

それから、駐車場から国際線ターミナルビルまで外を歩きます。ここは、季節によっては、かなり寒いです。夏に暑いのは東京もソウルもたいして変わりませんが、冬は東京のほうが明らかに暖かく、桜の開花も一週間以上、早いです。よって、事前に調べた東京の気温に合わせてちょっとだけ軽い服装にしてきたものの、ここはまだソウルですから。横断歩道さえ渡れば歩いて五分程度ですが、ずいぶん寒く感じます。

とくに、冬の朝早くの便だとかなり冷えますので、もし日本の皆さんも、冬に韓国にいらっしゃることがあれば、ここからは厚い服を用意されたほうがいいと思います。


空港ビル内は、朝早くから人は多いですが、どうやらショッピングモールや映画館などはすべて閉鎖されたようです。そういえば空港にあった「スカイシティー」（ターミナルビルの中にあった複合商業施設の名称）の表記もなくなっていました。出国審査のあとにある免税店フロアは元気に見えましたが、それ以外の店は、あまり景気がよくなかったのでしょう。残念なことです。三年前、横浜で私のブログの読者とオフ会があったとき、ここでお土産のボールペンを買っていったりしましたが。

金浦空港国際線ビルにある「独島」（竹島）の模型

搭乗手続きを済ませ、航空会社ラウンジに向かいます。

時の運ですが、空から富士山が見えるといいなという期待を込めながら、窓側の席にしました。映画は始まる直前が一番楽しみだという話もありますが、やはりこの時が一番ワクワクします。さぁ、今日も日本に行くぞ！　とエスカレーターを上がりラウンジに向かいますが、これまた残念なことに、ここ二階では、「余計なもの」が目に入ることも多々あります。

ラウンジに向かう途中、そこそこ大きいサイズの、「独島《ドクト》」（竹島）模型が置いてありました。結構大きいし、よく見えるところにあったので、たぶん、二階の航空会社ラウンジに入ろうとする人なら、嫌でも目にすることになるでしょう。「独島」という絵のような字とともに、「韓国空港公社」のロゴ付きでした。

一昨年（二〇一五年）にも、ゲートの近くに似たようなものがありましたが、今回のものはずっと大きく、また精密に作られ、独島に韓国側が作った建造物もしっかり表現されていました。こういうものはすべて「実効支配」の根拠となりますので、「領土問題」ではとても深刻な事案となります。しかも韓国空港公社のロゴ付きとなると、確信犯ですね。

他にも、私は同じ経験を何度もしました。

二〇一三年十一月、神宮外苑、新宿御苑、井の頭公園、小石川後楽園、六義園をまわりながら日本のモミジを楽しみましたが、あの時の出発の日のことです。

同じく金浦空港国際線ビルの航空会社ラウンジの前では、「韓国の海」をテーマに写真展をしていました。私も好きな「三陟《サムチョク》」（韓国の東海岸にある市）の「ろうそく岩」の写真や、大勢の人が泳いでいるのが一枚に収まっている水泳大会の写真など、素晴らしい作品でした。

ただ、その展示会の三位受賞作が、タイトルは「海洋領土守護」で、独島の写真でした。ビジネスクラス以上の人たちが利用する、航空会社ラウンジ出入り口のすぐ前にドーンと展示されていました。ここは、日本の航空会社も使っているので、大勢の日本人客が出入りするところです。そもそも、他の写真に比べ、賞がもらえるほどのものか？　という気もしましたが。

同じ旅程の、帰りの日、日本の羽田空港国際線ターミナルビル。ちょうど拡張工事が終わり、各種設備が見違えるほどよくなった直後で、「なんでキティちゃん（の人形焼きを乗せた）ソフトクリームがなくなったんだ」と余計なことを残念がりながら見て回っていました。

ビルには飛行機が見えることで人気の野外ベランダへ通じるスペースがあります。夏にポケモンセンター出張所をやっている場所です。そこで、韓国フェアというものをやっていました。綺麗な韓服を着た人たちが、主に食品の類を紹介していました。韓国の町のスーパーで普通に買えるものばかりでしたが。

いや、別にこういうイベントをやめろとは言いませんが、一方では韓国フェアで、一方では領土守護の写真展示。何でしょうね、このアンバランスは。

他にも、もう数年前から乗ってないので今はどうなのかわかりませんが、大韓航空もアシアナ航空も、座席のモニターのマップ（簡単な飛行機の空路表示など）にはしょっちゅう「DOKｰDO」（独島）や「EASTｰSEA」（東海）などが表記されていました。

私が日本側の航空会社しか利用しなくなった理由の一つでもあります。

「大手ホテル」業績不振の最大の原因は「日本人観光客」の激減

今の韓国は、日本人観光客の、まさに「激減」によって観光収支に大きなダメージを受けています。一部では「中国人観光客が増えたから大丈夫だ」という安易な分析もありますが、そう簡単な問題ではありません。

朝鮮日報の二〇一五年四月二十七日の報道によると、韓国の「特級ホテル」（大手ホテルのこと）の利益が、日本人観光客急減によって深刻な水準になっているとのことです。該当部分を引用してみます。

「特級ホテルの業績は、最近、深刻な状況である。国内最大のホテルチェーンであるホテルロッテは、二〇一二年に四百四十七億ウォン（著者注：約四十四億七千万円）を上回ったホテル部門の営業利益が、昨年（二〇一四年）は半分の水準の二百四十三億ウォン（同：約二十四億三千万円）に急減した。

各国の国家元首が多く訪れるソウル新羅《シンラ》は、昨年のホテル事業の営業赤字が二百六億ウォンに達した。

外国人観光客の誘致に競争力のあるソウルウォーカーヒルは、免税事業まで含めても、昨年の純利益が千二百万ウォン（同：百二十万円）に過ぎなかった。

ソウル小公路《ソゴンロ》と釜山海雲台《プサンヘウンデ》にホテルを運営するウェスティン朝鮮ホテルのホテル部門の営業利益は、二〇一三年の半分にも満たない四十一億ウォン（同：四億一千万円）まで減った」

ホテルロッテは、二〇一四年七月十一日に行われる予定だった自衛隊創設六十周年記念式典を一日前にドタキャンし、「式典の正確な事前情報や確認なしに業務を進め、国民の皆さんに心配をかけました」と韓国民に謝罪する騒ぎがありました。日本のネットでいろいろ言われていましたし、その影響もあるのでしょうか。

記事は、こうした特級ホテルの業績不振の最大の原因を「日本人観光客の減少」としています。二〇一二年には三百五十二万人まで増え、ホテル業界の主な収益源となった日本人観光客。しかし、同記事によると二〇一四年には二百二十八万人まで、まさに急減しました。

同じく、一昨年（二〇一五年）の中国人観光客は六百十三万人に増えたものの、中国人観光客は安い宿しか利用しない人が多いとのことでして、同記事によると「大多数の特級ホテルで、日本人観光客が三十％以上減少した。あるホテルは半分になった。（宿泊する）中国人観光客は、少ししか増えていない」と。

二〇一五年の訪韓日本人観光客は百八十三万三千人で、急減からさらに急減しました。ホテル側の状況はさらに深刻になっていることでしょう。

「領土問題」を空港で堂々と展開する「愛国ごっこ」

「お店」も同じです。二〇一六年三月十六日のMBCの〈並ぶ露店、閑古鳥《かんこどり》が鳴く店〉という記事によると、明洞《ミョンドン》でアクセサリーなどを売っていた露店（屋台）が、急に食べ物を売りだし、周りの店に多大な被害を与えているとのことです。

理由は同じです。日本人観光客は普通に店に入って食べますが、中国人観光客はとりあえず安いものを求め、露店で食べることが多いからです。

「ソウルの観光一番地である明洞は、最近は露店は盛況だが、その分、店（食堂）は客が少なくなっています。……日本人観光客の代わりに中国人観光客が集まるようになってから現れた現象です。……（中略）……アクセサリー露店が食べ物の屋台に変わり、明洞の食べ物の屋台は百六十カ所に増えました。二～三メートルおきに屋台が一つずつあることになります。問題は、これら屋台が営業許可を受けていない『違法』だという点です」

周辺の店からするとムカツクことですね。違法で営業し家賃も払わない人たちに客を奪われているわけですから。アクセサリー店が急に料理を売りだすことも、それが売れているということもお笑いですが。

私が金浦空港で独島模型を見つけるわずか五週間前の二月二十二日の東亜日報には、

〈帰ってきてください、人情があふれる韓国へ〉という記事が載っていました。

「十七日『韓日トラベルマート』が開かれた東京・六本木のグランドハイアットホテル。日本観光業界従事者は、韓国旅行に関するたくさんの質問をしていた。韓国観光公社が日本人観光客二百三十万人水準を回復するという『日本市場ルネサンスプロジェクト』の一環として行ったイベントだ。韓国と日本の観光業界から三百人余りが参加した。国内の旅行代理店と航空会社、ホテルの関係者が最大五十％を割引きする行事を紹介し、日本人観光客の募集活動を行った」

観光公社は客集め、空港公社は独島模型。なんでしょうね、この寸劇は。韓国の独島アピールはめずらしいものではありませんが、日本人観光客を呼び戻さないといけない状況の中で、こういうのを作っておくとは、これはこれでたいしたものです。

韓国は、「独島（竹島）は韓国のものだと日本人観光客に見せたい」と「日本人観光客がもっと韓国に来る」を、「どちらも正しいことだから、同時に実現できる」と思っているのかもしれません。韓国の日本観はいつも一方的で、韓国の正しさに日本が合わせるべきだとするのがオチですから。

しかし、世の中には常識というものがあるでしょう。領土問題を空港の休憩スペースで堂々と展開する国の愛国ごっこにつきあいたい外国人観光客、とくに日本人観光客はそう多くないでしょう。韓国を訪れる日本人観光客には、竹島問題には何ら興味を持っていない人もいるでしょう。しかし、そんな人でも、空港にこんなものが展示されているのを見て、「これで楽しい旅ができる！　ありがとう！」と思う人はいないはずです。

空港が何のためにあるのか。「反日の道具」としての空港が本来の目的より優先していいのか？　どうでしょう。他の人たちがどう感じるのかはともかく、私にはただ、そういうのはせっかくの観光旅行の楽しさのマイナス要因でしかありません。息苦しいだけです。そう、駐車場で聞いたあの警告メッセージと、同じ趣旨です。ここは、そういうものを置く場所ではないのです。あるモノが価値を発するためには、それ自体の良さ・悪さを語る前に、あるべき場所にあるのかどうかを考えなければならないからです。常識というセンサーのもとに。

非常識なことは、結局は自分の首を絞《し》めることになります。韓国のマスコミは日本人観光客の減少の最大の理由を「円安」だとしていますが、反日感情丸出しの韓国の自業自得という側面のほうが強いのではないかと、私は思っています。

航空会社のラウンジに入ってひと休みしたあと、出国審査に向かいます。これもまた羽田空港とはちょっと違っていて、羽田では出国審査のあとにラウンジを利用することになりますが、金浦空港では逆ですので、出国審査にかかる時間を考えて少し早めにラウンジから出ないといけません。少し並んだものの、審査を通過し、ゲートに到着。もう飛行機に乗るだけです。

洗練されたサービスを受けながら、飛行機で機内食を食べたり映画を見たりしていると、二時間弱はあっという間です。富士山は見えませんでしたが、キーップルブル（着陸する音）と、飛行機は定時通りに羽田空港に到着。

ここから、本当に日本旅行の始まりです。

季節ごとに、桜、アサガオ、紅葉など、派手すぎないほどにモチーフを変える羽田空港国際線ターミナルビル。ここはデザインも店も気に入っています。ただ、入国審査から出てくると真っ先に目に入る「ＳＵＳＨＩ＆ＴＯＫＹＯ」とか「ＦＥＳＴＩＶＡＬ＆ＴＯＫＹＯ」とか、そういうフレーズはちょっとなんとかならないものでしょうか。これなら、前にあった「ＹＯＵ＆ＴＯＫＹＯ」のほうがマシだったと思います。

日本を訪れる人たちが心待ちしているのは、「いらっしゃいませ」という普通の日本語表記です。日本での普通が、彼ら（私を含めて）にとって特別な思い出になるのですから。日本人から見て違和感があるものを、わざわざ日本まで来た外国人たちが喜んでくれるはずはありません。

とにかく、私はジャパンにキターマタキターとはしゃぎ、到着記念で適当に写真撮って、ＳＵＩＣＡをチャージし、モノレールで浜松町に向かいます。モノレール乗り場に上がると、そこには自販機があります。ここでいつもモノレールに乗る前に某ドリンクを飲みます。もう慣例というか通過儀礼みたいになって、ちょっとした楽しみです。

訪日外国人観光客が二千万人を突破

もう十年近く前にネットで読んだ面白話に、「外国人が日本に長居しすぎたと実感した時」というのがあります。

ネットの話ですからバリエーションによって少しずつ異なるとは思いますが、「(本の)単語にアンダーラインを引くのに定規を使う時」「何かをやる時、たいしたことないのにガンバルと言い出す時」「握手とお辞儀を同時にするようになった時」「赤の反対は白だと思う時」などなど、微笑ましい（?）ことがいろいろ書いてありました。

その中でも強烈だったのが、「電車の中で外国人を見て、『あ、ガイジンだ』と思う時」です。

プラットフォームには大勢の外国の方々がいました。つい「外国人多いな」と思ってしまった私は、日本に来すぎたのでしょうか。

最近、日本を訪れる外国人観光客がまさに急増しています。

日本政府観光局（ＪＮＴＯ）のデータによると、二〇一三年に初めて一千万人を超えた訪日外国人観光客の数は、二〇一六年にはなんと二千四百万人を突破したとのことですから、まさに爆発的に増加しています。二〇一七年には二千八百万人が予想される、とのことですから、実にすごい数字です。

実際、どこに行っても外国人観光客を見つけるのは難しくありません。空港から京急線や東京モノレールに乗るまでの短い時間でも、それを実感できます。日本を訪れる人が増えるのは、私にとっても嬉しいことです。

私は日本に「住んでいる」人間ではなく、観光客の増加による日本のメリットまたはデメリットを肌で感じて理解しているわけではありません。でも、「好きな映画が大ヒットした」とか、「好きなゲームが百万本売れた」となると、ファンは嬉しいじゃないですか。そういう喜びを感じ取っています。

ただ、日本側のニュースなどを見ると、その外国人観光客の「数字」や、中国人観光客の「爆買い」だけがクローズアップされているようで、ちょっと気まずいときもあります。なぜなら、韓国の観光事業も「数と爆買い」などを気にし過ぎて、いまは自滅しつつあるからです。

約十年前から、韓国のマスコミは、「これだけ大勢の外国人観光客が韓国を訪れてくれた！」というニュースをものすごく自慢気に流しました。それは「韓流」という国家政策が成功していることを強調するためでもありました。

しかし、一時は「これだけ大勢の日本人観光客が～」だったものが、いつのまにか「これだけ大勢の東南アジア各国の観光客が～」になって、しばらくは「タイ人観光客が～」

になって、おとなしくなったと思えば、いつからか「これだけ大勢の中国人観光客が来てくれた」となりました。

「主要観光アウトバウンド国」の訪韓が三年で四十％減

日本人観光客の減少については先にも書きましたので、もう少し視野を広げてみましょうか。実は、減っているのは訪韓日本人観光客だけではありません。

二〇一六年二月二十七日のマネートゥデー紙の記事によると、日本、香港、シンガポール、タイの四カ国の訪韓客が、二〇一二年からずっと減少しているとのことです。これら四カ国（香港の場合は国家とは言えませんが）は、アジア諸国の中でもっとも多くの観光客が他国を訪れる国です。記事の表現をそのまま借りると、「主要観光アウトバウンド（送出）国」です。

記事によると、「減少傾向は毎年続いて、過去二〇一二年四百四十二万人、二〇一三年に三百六十九万人、二〇一四年三百五十万人、昨年には二百八十九万人に急激に低下した」となっています。パーセンテージで見ると、日本人観光客は前年同期比マイナス二％、タイ人観光客マイナス四・五％、香港観光客はマイナス五％、シンガポールはマイナス七・五％。一年だけのデータではたいしたことのないようにも見えますが、実はこうした減少傾向が毎年続いており、二〇一二年に比べると、四カ国全体でなんと四十％近くも減ったことになります。三年で四十％となると、これもまた急減としかいえない数値です。

どうしてこんなに急減するのか？　単に「来てみた」ではなく、「また来たい」と思ってくれる人たち、すなわち「リピーター」（再訪してくれる観光客）が少ないからです。「ユーカー」（遊客、中国人観光客）誘致の失敗から、その例を見てみましょう。

中国人が「韓国には二度と来たくない」と言う理由

韓国を訪れる中国人観光客の数は、まだまだ多いものの、「満足度」で問題があるとのニュースをよく目にします。

別に旅行だけの話でもありませんが、「パッケージ商品」というのがあります。いろいろな要素、観光コースや宿泊施設、食事などをあらかじめ一つのセットでまとめ、少しでも価格を安くするシステムです。訪韓する日本人観光客の場合は九割以上が個人（自由）旅行ですが、中国人の場合はパッケージ商品を利用する人もかなり多いと聞きます。

二〇一五年二月十一日のソウル経済紙が、〈中国人観光客にとって韓国は二度と来たくない国〉という刺激的な題の記事で、以下の内容を報道しています。

旅行会社関係者たちの話によると、普通ならお金をもらうことで商売が成立するはずの旅行会社が、お金を与えながら中国人観光客を韓国に連れてくる奇異な商売が頻繁《ひんぱん》に行われているというのです。

中国人観光客を集める時、安値でパッケージ商品を販売し、価格競争のやりすぎで、「一部の旅行代理店は、ひとり当たり三百～五百人民元（著者注：約四千七百～八千円）を与えてまで、中国人を韓国に連れて来る」と。いわば観光客を「買ってきた」ことになります。

でも、世の中、それではビジネスになりません。観光客からそれ以上のお金を吸い取るしかありません。そうなると、必然的に、旅行会社のパッケージ商品は、ショッピング中心に旅行日程を組み、前もって契約した店々に、客を引きずり回すことになります。

ここで、観光客たちが「旅行会社の契約した店」以外の店で買い物をしたら困ります。だから、記事によると、旅行会社の関係者たちは次のように話しています。

「ショッピングしやすいソウルの中心地で観光客たちを寝かせる（宿泊させる）わけには

いかないのですよ。ソウル中心地のホテルなら、彼らがホテルから出て、自分の足で買い物できるじゃないですか。それができないように、足を縛《しば》っておく必要があります。ガイドが紹介する店だけに行けるようにね。だから、仁川《インチョン》、平澤《ピョンテック》、華城《ファソン》、議政府《イジョンブ》など、ソウル周辺の三万～五万ウォン（著者注：約三千～五千円）の安い宿に観光客たちを入れます。旅行会社としては、観光客の個人行動を防ぐことができるうえ、宿泊費まで手頃な最適のホテルってわけです」

「パッケージ商品のコストは航空運賃、宿泊費、陸上交通費、食事代などが全部入ってますよ。お金を与えて観光客を『買ってくる』有り様だから、可能な限り支出を減らさなければならないでしょうね。明洞《ミョンドン》の宿泊施設の宿泊料は十万ウォン（著者注：約一万円）を超えるから、もっと安い郊外地域の宿に中国人観光客たちを送ります。旅行会社はお金に必死すぎで……肉もついてない安物のサムゲタン（鶏料理）などを食事として出したりします。非常に問題が多いですよ」

日本で韓流のゴリ押しに反対するデモが起きていた頃、台湾の放送関係者が話した内容だったと思いますが、韓流ドラマを売るために、むしろ韓国側がお金を払ったという話を聞いたことがあります。それと似ていますね。

ここまでして「買ってきた」中国人観光客たちに、良いサービスができるはずもなく、また観光客たちも良い思い出を残せたはずはありません。

記事によると、「旅行業界関係者によると、中国人観光客のほとんどが韓国に来て深く失望して帰っていく」「パッケージ商品で韓国を訪れた中国人は、誰もが『韓国は二度と来たくない嫌いな国だ』と言う」とのことです。

二〇一七年になってから、韓国を訪れる中国人観光客が急減しています。韓国ではこの問題を、中国の「THAAD報復だ」としています。米軍の高高度ミサイルシステム（THAAD）の韓国内配備で、中国政府が韓国への観光を制限しているという主張です。これは部分的には事実ですが、中国人観光客が韓国を訪れなくなった理由は、それ「だけ」ではありません。すでにTHAAD配備の二〜三年前から、「韓国には二度と来ない」という動きがでていたわけです。「リピート（再訪問）客」を逃した観光事業は、決してうまくいきません。

問題の根本は、「安物競争でとりあえず数を揃《そろ》える」という愚かな選択です。観光客の数が一千万人だろうと二千万人だろうと、大事なのは何人が「またここに来たい」と思ってくれたのか、です。その数はリピーターの潜在数でもあります。「爆買い」という言葉もよく耳にしますし、たしかに大事なことではあります。ただ、観光は買い物だけではありません。買い物の喜びなど、観光の極めて一部でしかありません。それに、最近、中国経済で良からぬ噂も多いですし、爆買いがいつまでも続くわけではありません。

また、中国政府が日本での爆買いを遮断する動きもあります。聞くところ、空港で帰国者の荷物をしつこく調べて高額の税金を賦課《ふか》したり、最悪の場合没収することも増えたというのです。これは、明らかに日本での爆買いを睨んだものです。なんだかんだで、社会主義国家ですからね、中国は。

日本には、「買い物」以外の観光の楽しさがいくらでもあります。爆買いとか観光客の数とかを必要以上に意識することなく、日本は日本のペースで、バランスの取れたガンバルを続けてほしいものです。「オモテナシ」のスピリッツを持つ日本が韓国と同じ失敗をするとは思えませんが、日本が好きな外国人が求めていることは、日本が日本らしくありつづけることであります。

内側から出てくる光だからこそ、外側へ広がるものです。日本であることが、日本の一番の魅力なのです。それはいつまでも変わらないでしょう。

日韓の「見えない差」とは

モノレールがプラットフォームに入ってきました。電光板によると次が浜松町に「先着」だそうで、次を待ちます。とりあえず乗る外国人観光客を見て、「皆さん、勉強が足りませんね」と思いました。もちろん、私も初めは何がなんだかわかりませんでしたが。韓国のことわざ「オタマジャクシの頃を思い出さない蛙」とは私のことです。

そういえば、日本に初めて来たのは、もう十二年前の二〇〇五年でした。あの時、箱根に行って、初めて「日本と韓国とではこうも違うのか」と自分なりにショックを受け、いろいろ注意深く観察するようになりました。人々の親切さがもっとも私を感動させてくれましたが、タクシーにナビゲーションがついている、いろいろな店にウォシュレットがある、携帯でネットを使う人が多いことに驚きを隠せませんでした。

ただ、それからは、日本旅行を繰り返すうちに、目にはっきり見えるものよりも、実は

「見えない差」のほうが大きいとわかり、強い興味をもつようになりました。

あるにはあるけど、実は差があるところ。見えない、または見えていても気づかないところ。そういうポイントを見つけ、考察する喜びに目覚めたのです。

それは、日本と韓国の両方を知っている人にしかわからないことだと思います。

たとえば、韓国でも、スマホの時代になってからは携帯でネットが楽しめるようになり、ナビとウォシュレット（韓国では「ビデ」と総称します）も普及しましたが、ウォシュレットは日本製に比べると明らかに性能が低いと感じます。うまくいえませんが、いまでも韓国製は「狙い撃ち」が下手です。

もちろん、両方使ったことがないと、比べたりしません。たとえば、私に携帯ネットやナビなどは比較できません。日本で運転をしたこともなく、携帯ネット事情（人気コンテンツなど）もよくわからないからです。

そう思ってブログに不定期で書いたのが「シンシアリーのブログ日本旅行記」で、本書の元にもなりました。

こうした「差」は、ほとんどは人に言われて「あれ、言われてみれば」と気づくものだったりします。

日本ではありえない九十五人死亡「加湿器殺菌剤問題」の企業対応

日本では東芝の会計不正や三菱自動車の燃費操作で「お金」に関する企業側の問題が話題になっていた頃、韓国では「命」に関する企業側の問題が、大きな話題になっていました。

いわゆる「加湿器殺菌剤問題」というものです。

二〇一一年頃から、韓国では肺が線維化する謎の疾患がニュースになりました。その死亡者は一年足らずで三十四人となり、しかも死亡者には多数の妊婦が含まれていました。デマを含めてさまざまな推測がありましたが、動物実験などで明らかになったその原因は、加湿器の殺菌剤でした。この殺菌剤は、「オキシ」や「エギョン」などの大企業から発売されていた製品のことで、韓国では一九九七年から二〇一二年まで、年間六十万個が売れる大ヒット商品でした。二〇一六年現在、政府が公式に把握した死亡者は九十五人、市民団体などの非公式データでは二百三十九人です。

韓国のドラマで患者を看病するシーンをご覧になった方はご存じだと思いますが、韓国では体が不調な人に加湿器をかなりの出力でつけっぱなしにしておきます。加湿器の水タンクの部分に入れるこの液状の殺菌剤を、「健康にいいですよ」というニュアンスのCM

を信じて、妊婦の部屋に使う人が多かったわけです。

韓国の加湿器は、ほとんどが「噴霧式」（超音波加湿器）です。水タンクに入れた液状の殺菌剤が、呼吸とともに肺に影響を及ぼしたのです。

二〇一六年五月十一日、ヘラルド経済紙がこの件で日本と韓国を比べる記事を載せました。

・日本の厚生労働省は、韓国での加湿器殺菌剤被害と関連し、韓国保健福祉部が調査結果を発表した十一月、「日本では（韓国で回収された）製品の流通が行われておらず、同様の製品による事故が発生していなかった」と発表した

・日本の厚生労働省は、液状殺菌剤や噴霧型の消毒剤について、「毒性を考えると、噴霧形は非常に危険であると考えられる」とし、使用を禁止している。実際、日本で販売されている多数の加湿器を掃除するための消毒剤は、クエン酸を使った商品で、パウダータイプである。いくつかの液状殺菌剤もあるにはあるが、殺菌剤使用後の洗浄を強調しており、その会社と厚生労働省は、化学成分の安全性検査を義務としている

・日本の各種メディアが韓国加湿器殺菌剤の被害を報道する際に注目したのは、ＰＨＭＧ

(polyhexamethylene guanidine) およびPGH (塩化エトキシエチルグアニジン) など、有害性が立証された成分を利用してきたオキシ (レキットベンキーザーコリア) とその成分を使用したSKケミカルの加湿器殺菌剤を代行販売したエギョンなどの企業が、事件が勃発してから「五年ぶり」に謝罪をしたという点である

・この件を扱った日本の地上波番組「ミヤネ屋」では、「五年ぶりに謝罪をするというのが話にならない」「日本でも最近、企業の不正行為が摘発されているが、調査段階で関連性が確認されたのに、企業が謝罪をしていない点が不思議である」「間違いなく、故意に近い」と指摘した。二〇一一年に環境部がPHMGの有害性を確認したにもかかわらず、企業が謝罪していないことはありえないというのだ

・「韓国政府の対応が適切だったか」も問題になった。日本政府は、一九九八年にアメリカ環境庁 (EPA) の吸入毒性警告などに応じてクロロメチルイソチアゾリノン (CMIT) とメチルイソチアゾリノン (MIT) の噴射を許容しないでいる。しかし、韓国政府は、企業側にCMITとMITなど有害性審査免除通知を続けてきた

・企業に責任を負う制裁を加えていないのもおかしいと言われている。韓国政府が直《ただ》ちに対応に乗り出したかのように見えるが、企業が責任を負うようにしたり、販売停止命令

を出したりはしなかった

・日本は、昨年（二〇一五年）の東芝不正会計事件をはじめ、先月二〇一六年四月の三菱自動車の燃費操作行為に苦しんでいる。しかし、国土交通省などの政府省庁は企業不正が発生した際に真相調査に乗り出し、その責任を企業が背負うように、訴訟に着手した。国土交通省は、東芝の会計操作事件が発生した後、毎月調査結果を発表した。三菱自動車の燃費操作にも国土交通省は、真相究明の調査に着手した状態だ

この記事で指摘している内容の中でも、とくに最後の「責任を取る」（取らせる）は、日本と韓国の、とても大きな差であります。いくら制度や法律がちゃんとしていても、どの国でも、企業側の不正は起きます。韓国も日本も例外ではありません。でも、その対応において、差があったわけです。

「韓国社会の最大の問題は、問題が存在することではなく、いつになってもその問題が解決しないことだ」という持論が私にはあります。

それは、責任を取る人がいないからです。今回の加湿器殺菌剤問題でも、成分を開発した会社や、同じ類の製品を販売した一部の財閥会社が、捜査から除外されています。

「恵まれた走者」たる日本人

今日も考察のつもりで、自販機の横に立って周辺を見回してみると、東京モノレールがもう五十二年目だそうです。一九六四年開業になりますね。韓国で朴正熙（パク・チョンヒ）氏が大統領に就任したのが一九六三年ですから、まだ「セマウル運動」などの経済成長プロジェクトが始まってすらいなかった頃です。

線路のほうに少し近づき、浜松町方向へ伸びている凸形の線路を見つめてみます。たしかに古いですが、丈夫さを誇りながら静かに立っているその姿から、日本がいかに早く経済成長を成し遂げ、そのインフラ整備がどれほど素晴らしいものだったのか、たとえその一部だけでも、見つけ、感じ取ることができます。

最近、韓国でも高度経済成長期に作られた各種社会インフラが問題を起こしています。単に寿命がきた場合もありますが、実は年数より、手抜き工事による場合も多くあります。日本とてこのようなインフラの整備と管理のプロセスが決して完璧ではないものの、実に立派にできていることを、感じずにはいられません。

モノレール電車が入って、去って行き、次の電車が入るのを見ていると、ふと、「バトンリレー」を思い出しました。

これから本書で書いていくこともそうですが、私がこうして「日本と韓国の差」について考え、それを記すと、それが日本の皆さんにはどんな意味の情報になるのでしょうか。「韓国よりはマシのようだな」でしょうか。「やはり日本が最高だ」でしょうか。それとも「他の国はどうなのかもっと知りたい」かもしれませんね。

別にどちらでも意味があることだとは思いますが、私はこういう感覚を味わうたび、日本の皆さんは「恵まれた走者」だと思います。ただ、それゆえの苦労もおありでしょう。バトンリレーの走者は、前の走者が速く走ってくれると、その分、余裕と安心感を持つことができます。でも、リレーが終わったわけではありません。自分の走りは、かならず次の走者に影響を与えます。転んだりすると、一気に終わりです。

日本は、恵まれた国です。

それは、日本という国をこのうえなく憎みながらも、このうえなく憧《あこが》れている不思議の国、韓国で生まれ育った私だからこそ、ハッキリ言い切ることができます。

良いことを喜び、良くないことを直しながら、リレーは続いています。前の走者たる先人たちの努力、今の走者たる現世代の努力、バトンを待っている次の世代の心得。その中で、さらに恵まれたスタートを次の走者たちに与えるために必要なものは何か。

「恵まれている」という誇りと、「まだ競走は終わっていない」という警戒感。その両方でありましょう。モノレールも路線も車両も駅も、昔のまま残っているわけではないでしょう。「両方」の志があったからこそ、五十二年経った今でも、こうして誇らしい姿を維持できているはずです。

日本はさらに「自国の価値」を高めるチャンスを手にしている

私は、二〇二〇年のオリンピックが東京で開催されるようになったことを、とても喜んでいます。それは「チャンス」だからです。

日本はもともと、一九四〇年の夏季オリンピックを東京で開催する予定でしたが、戦争などの大人の事情で、返上した過去があります。戦後、国際社会への復帰をアピールしたい日本にとって、一九六四年の東京オリンピックは象徴性の強いイベントでした。そういう側面もあってか、このオリンピックは、「平和の祭典」としての側面が今でも強く残っています。

たしかにオリンピックは平和の祭典とも呼ばれていますが、実は世界的に見ると、「チャンス」の意味合いもまた強くあります。

それは、選手たちのチャンスだけではありません。

スポーツも都市も国も、「もういいだろう」と思ったらそこで終了です。「自分自身の価値」を貶《おとし》めることになるのです。

自分自身の尊厳を高めようとしない人間に、社会の尊厳を高めることなどできません。「自国の尊厳」を、「自国の価値」を高めようとしない国は、世界の役に立つこともできないのです。

もっと上があります。人にも、都市にも、国にも、我々人類にも。二〇二〇年、選手たちが、東京が、日本が、オリンピックが、さらなる価値を高め、もっと上で輝いていることを願います。それがまた、世界平和にも繋がることでしょう。

オリンピックの成功は、世界平和への貢献だけでなく、日本の「走り」をより安定させる良きチャンスとなるでしょう。私は、そういう二〇二〇年の東京オリンピックの実現を待ち望んでいます。

……と、なかなか壮大なことを考えていたら、「先着」のモノレールが入ってきました。あ、乗らなきゃと列に並びます。降りる人も乗る人もちゃんと秩序を守ること。その当然のことが当然のように行われ、その中に私がいます。

それだけでもまた一つ「日本に来てよかった」と感じつつ、モノレールに乗り込みます。キャリーバッグを置くところがあって便利ですね。

いつも「警備を強化しています」という案内放送はありますが、率直に言ってどこをどう強化したのかはよくわからず、不自由することはありません。モノレール電車はいくつかの停車駅を過ぎていきます。ここは窓から家や海が見えます。その風景はいつものどかで、好きです。アベノミクスの影響か、ビルの建設などが前より増えた気がしました。

「日本人は韓国人より本を読まない」？　「読書率データ」のカラクリ

浜松町駅に到着しました。前は近くにポケモンセンター東京があって、世界各国の子どもたち（と連れてこられた保護者の皆さん）が並んでいたりしましたが、どうやら池袋に移転したそうです。そのためか、ほんの少し静かになっていました。

ＪＲのほうに移動、南口方向に歩き、いつもの書店に寄りました。日本は駅の中に書店があって、いろいろ便利です。

韓国では、ちゃんとした書店を見つけるのがどんどん難しくなってきました。あったとしても、参考書など受験関連の本しか売ってないところがほとんどです。

いつだったか、ソウルで知り合いとの待ち合わせまで時間が余ってしまって約束した場所の周辺を歩きまわったことがありますが、あの時も書店はありませんでした。先の金浦空港国際線ビルにも、書店はありません。あるにはありますが、置いてあるのは芸能人の写真集だけです。

日本の駅の書店で売っている、持ち歩きやすいサイズの本。いつも二〜三冊買って、夜ホテルで読んでみます。買うときには「どうかな？」というくらいの気持ちで買うものの、読んでみるといつも意外な発見があり、やはり本っていいな〜と感心します。

ネットでは、有益なものから無駄なものまで、さまざまな国家間の比較データを見つけることができます。韓国と日本の「読書率データ」を調べてみると、二〇一三年のＯＥＣＤデータでは韓国（七十四・四％）が日本（六十七％）より上です。日本でも出版不況が続いていますし、「日本人は韓国人より本を読まないのか」と勘違いされている方もおられるかもしれません。

しかし、これもまた両方の現地の雰囲気を知っている私には、そのデータは何かカラクリがあるのではないかと、疑わしいものでした。

ちょうどタイムリーに朝鮮日報が二〇一六年三月に韓国人の読書率が深刻に低いというテーマでシリーズ記事を書きましたが、その内容によると、韓国人が本を買う費用の六十%は参考書関連で、韓国の読書率調査には入試関連書籍などがすべて含まれるため、実際の書籍購入や読書率は公式データよりずっと低いだろうとのことです。

韓国は、大学進学による差別がひどい国です。日本の高校の「就職内定率」という言葉を説明しても、よく理解できない人が多いです。「え？　大学に行かないの？　高校生なのに職業が決まってる？　よほどの問題児集団なんだな」という返事しかありません。韓国では、大学に行けるかどうかが人の価値を決める基準の一つになっているためです。「それ以外」は、早くも負け犬としての人生が決まっている、基準未達の集団でしかありません。

先のモノレールの「先着」表示と同じく、私も十年前は高校生の「内定」というのが何を意味するのか、よくわかりませんでした。私もまた、大学によって人間の上下が決まる韓国社会を生きた一人ですから……「大学に行かず、早めに社会に出る」という生き方もあることが、理解できなかったのです。

そんな社会風潮もあり、韓国の大学進学率はブッチギリのOECD一位で、七十%を超え八十%に迫る時期もありました。そのための「学校以外の私設教育機関」（韓国では「私教育」といいます）も多く、参考書などの売り上げもかなりのものです。

この現象は、二〇〇〇年代から「大学に入るのが難しいなら、大学の数を増やせばいいではないか」という愚策によって始まりました。今では大学卒業者の半数近くがちゃんと就職できない異常状態に陥《おちい》っています。

では、参考書などを除いた読書はどうなっているのか？　韓国統計庁が二〇一四年に発表した「韓国民の一日平均読書時間」を見てみると、わずか六分です。十分以上と答えた人は十%未満でした。日本の場合、「honto」の調査結果では、年齢帯によって違いますが、二十五～三十九分です。

朝鮮日報はこの問題で「本も読まないくせにノーベル文学賞を望む韓国人の矛盾」と厳しい指摘をしながら、「日本社会も韓国のように『国民が本を読まない』と心配している。日本の十五歳以上の読書率は六十七・〇%で、韓国よりも低い。しかし、私たちの読書率は、高校生が入試関連本を読むことまですべて含まれている数値であるため、読書の質は、日本のほうが優《すぐ》れているとの評価が出ている……二〇一四年の日本出版者協議会の調査によると、一億二千万の日本人が一年間に書店で六億四千万冊を買い、図書館で七億冊を借りた」と書いています。

とはいえ、日本もアメリカ、イギリス（同八十％）にはまだまだ及びません。ベストセラー作家でもあるメアリアン・ウルフ（アメリカタフツ大学教授）は、朝鮮日報とのインタビュー（二〇一六年三月四日）で、読書は自分を表現する力、他人を理解する力、さらには社会を診断する力を高め、個人の成功から国家のＧＤＰなど経済にまで強い影響を及ぼし、社会をより豊かにしてくれると話しています。

もっともっと本を読みましょう！

「韓国鉄道公社」が悲鳴を上げた想像を超える「無賃乗車数」

浜松町でＪＲ山手線に乗り換え、東京駅で降りました。東京駅に限ったことでもありませんが、日本の駅はいつも私に、「また来たい」と思えるものをくれます。

駅は、汽車（韓国では列車のことを今でも「汽車」とよく言います）や電車を利用する旅なら、その出発点でもあり、終着点でもあります。駅で良い思いを感じ取れなければ、楽しい旅などできません。

二〇一六年四月某日、親の墓参りのために、久しぶりに家族が揃《そろ》いました。そこそこ遠くに暮らしている五世帯が集まるわけで、日付を合わせるのがなかなか大変です。当日、待ち合わせの場所が駅近くというのもあって、某駅で汽車に乗ることにしました。ここは、韓国の高速鉄道KTXから在来線（セマウル号、ムグンファ号）、地下鉄まで利用できる、韓国の鉄道システムでかなり重要な拠点となります。

そういえば最近は車ばかりで、この駅に来るのは久しぶりだなと思ったら、真っ先に目に入るものが、「乗車券をちゃんと買おう」キャンペーンの貼り紙。「乗車券をちゃんと買うことが楽しい汽車旅行の始まりです」とか、「携帯で撮った乗車券はNO」とか、かわいいマスコットつきの絵ではあるものの、何気なくすごいことが駅の至るところに書いてありました。

ブロガー根性というか、ちょうど「韓国鉄道公社」（KORAIL）が運営する売店に、列車乗務員の制服を着た人がいたので、軽く声をかけてみました。久しぶりに来てみたのですが、乗車券を買わずに乗る人たちがそんなに多いのでしょうか？　と。

結論から書きますと、乗車券を買わない人は想像を超えるほど多いそうです。とにかく何も買わずに乗って、もしバレたらその時に車内でキップを買う、いわば「バレたら買う」確信犯も多いとか。揉《も》め事が多すぎて、上からはキップの検査をしないように指示されているとのことです。実際、韓国の在来線の一般車両客室（指定席）では、係員が車内を頻繁《ひんぱん》に見まわるものの、キップの検査はしません。

「ええー多いですよ、多いですとも。社長様（韓国では目の前の相手への敬語として「社長様」と言うことがあります）も一度は経験おありでしょう？　キップを買って乗ったのに、自分の席に別の人が座っていること。それですよ、それ。全国民が同じ経験したでしょう？」。呆《あき》れたような笑いとともに、彼はそう言いました。

たしかに、私も同じ経験があります。昔は自由席だけの「統一号」というのもありましたが、なくなりました。今は、基本的には、「指定席」と「立席」だけです。立席は指定席が売り切れの時だけ販売します。

でも、指定席を買って列車に乗っても、高い確率で他の人が座っています。「すみません。ここは自分の席ですが」というと、相手は素直に別の席へ移動しますが、一度だけ、

「あんたが別の席に座ればいいだろう」とおじいさんに逆切れされたこともあります。

乗務員の話はこう続きました。「広域鉄（後述）で、ですね、輸送人数の十六％が乗車券を買ってないんですよ。これ、公式発表です。公式で十六％ですからね、やはりですね、そうですね、実際には三分の一にはなりますね」。彼は、誰かにこの件を話したかったように見えました。俗にいうと、「溜《た》まっていた」のでしょうか。

さすがに現場の人の話だけに、用語にちょっと聞き慣れないものがありましたが、たぶん「広域鉄」というのは、別の自治体にまで行く鉄道のことでしょう。輸送人数というのは実際に運んだ人の数ですから、見まわっていればある程度はわかるはず。あとでキップの売り上げと比べてみたら、その十六％がキップを買わなかった、と。

さすがにKORAILもキャンペーンをせずにはいられない状況になったそうで、最近ではそういうキャンペーンフレーズが増えた……本当はもっとキツイことを書きたいけど、そんなことしたらクレームがくるから仕方ない、と。

無賃乗車が多いという噂は聞いていましたが、現場で聞くと、本当にショックです。

乗車券検査がないのもそうですが、韓国では、改札口に人をブロックする装置（自動改札口の機械）もありません。一説では「自動改札機はメンテナンスが大変で、運用できなくなった」という話も聞きますが、地下鉄などには普通にあるし、なぜないのか、わかりません。

地下鉄車両内に現れる「組織化」された物乞いたち

それだけではありません。列車を降りて、実に久しぶりに韓国内の地下鉄にも乗りました。日本に行くとしょっちゅう乗っていますが、韓国内ではあまり乗ることがありません。そこでも、不愉快なのは同じです。真っ先に目に入ったのは、物乞《ものご》いでした。私が見ただけで、駅に三人、車内にひとり。

「露宿者《ノスクチャ》」（ホームレス）とは違います。明らかに「物を乞うている」人のことです。ひとりは、車両に入っては、乗客たちに「私は精神障害者です。妻は死にました。娘が病気で入院しています。百ウォン（約十円）でもいいからください」という内容のメモを配り、金を乞うていました。しかし、その配り方が実に「手慣れた身動き」で……。

韓国の駅や地下鉄の車両内には、物売りや物乞いが結構な頻度《ひんど》で現れます、ですが、彼らはほぼ間違いなく「組織化」されています。彼らに金をやっても、「上」に納められるだけです。

「強弱」しか知らない社会は、強者もまた強弱に、弱者もまた彼らなりの強弱に分かれ、「支配」と「被支配」が明確になります。日本では同じ境遇だから助け合うという言葉もあるようですが、韓国では、苦しい境遇でも上下をハッキリさせることから始まります。「強い物乞い」は、「弱い物乞い」を支配します。

金をやっても「どうせ上納されるだろうな」と不愉快になり、やらなかったとしても、娘の入院などの話を聞かされて愉快な人などいません。地下鉄から降りて、「日本旅行では、駅はとても楽しいところなのに、な」と思いました。不愉快な思いしかない駅なら、旅の出発にも終わりにも使いたくありません。

なぜ「日本の駅」では人とぶつからないのか？

日本の鉄道インフラは、もう奇跡のレベルです。

日本の皆さんには普通かもしれませんが、外から見ると十分奇跡です。ただ、ここで私が「日本の駅は気持ちがいい」と感じる何よりの理由は、物的インフラではなく、それを利用する人々のことです。

たしか、この話を最初に言い出したのは姪でした。何年か前、一緒に日本旅行に来ていたのですが、「人とぶつからないから不思議だ」というのです。東京駅はあの日もすごい人出でしたが、あまり人とぶつからないから、嬉しいというのです。

ここでいう「ぶつかる」は、別に正面衝突ではなく、肩、または体の一部がぶつかることです。人とぶつからないこと。姪は車ではなく交通機関を利用して通勤しています。女の子ですし、私より気になったのでしょう。たしかにそれはそうだな、と私も思いました。全然ぶつからないというのは嘘でしょうけれど、韓国の人の多い場所での経験からすると、日本では、人とぶつかることは極めて少ないです。

世界中で、日本のイメージは「秩序整然」です。たしかに、東京駅だけでなく、どこでも、日本社会は「秩序」という名の、驚くに値《あたい》する安定さを見せてくれます。もちろん、それが「ぶつからない」の大きな理由でありましょう。

しかし、それだけではありません。とくに、人がとても多いところ、場所によっては道（通路）を横切ることだってありますから、たとえば「左側通行」のような表面的基準だけでは、ここまで「人とぶつからない」現象は成立しません。

私が自分なりに考えたその理由は、二十センチの配慮です。

韓国の場合、人が多いところでも少ないところでも、たとえばAさんの向かい側からB

さんが歩いてきたとします。そこで、Ａさんが避けました。ここでいう「避ける」も、別にＮＩＮＪＡやアクションゲームの主人公のように、ササッと素早い回避動作を行ったという意味ではありません。体を少し横にしたとか、肩にかけていたカバンを自分の前のほうにした、などのことです。すると、Ｂさんはほぼ間違いなく、何もしません。相手が避けたから、自分は避けなくてもいいと思ったのでしょうか。

日本では、これもたぶん日本の皆さんは自覚がないかもしれませんが、向こうから歩いてくる人が避けると、ほぼ間違いなく、向こうへ歩いていく人も避けてくれます。人が少し体を横にしたことで、どれだけの空間ができるのでしょうか。ポーズにもよりますが、二十センチ前後ではないでしょうか。相手も同じ動作をするなら、四十センチの空間ができあがります。

航空会社によりますが、四十センチの空間だと機内持ち込み可能なキャリーバッグ一つが通れます。私は日本に行くといつもキャリーバッグを引いているのですが、人が多いところだとバッグを自分の横か前にします。でもキャリーバッグは前のほうにすると意外と直進が難しく、少し位置がズレたりします。

そんな人混みの中、キャリーバッグを前に戻したりすると、向こう側から来る人は、道に余裕があるにもかかわらず、手にぶら下げていたり、肩から掛けたカバンを自分の前のほうに少し動かす、体を少し横にするなど、かならず何かのリアクションで「避けて」くれます。もちろん、実際には相手が先に避けてくれることが圧倒的に多く、私もできる限り応じるようにしています。

東京駅、どれほどの人が同じ通路を歩いているのでしょうか。何列ができているのでしょうか。その人たちが二十センチずつを作り出しているとすると、これは素晴らしいことです。

面白いことに、壁の広告を見ながら、美味しそうな店のお菓子を見ながら、または携帯電話で通話しながら歩く人とか、ちゃんと相手を見ていない人でも同じです。無意識的な動きかどうかわかりませんが、体の一部、たとえば腕や肩などが、ササッと動きながら、相手を避けてくれます。場合によっては「この人、超能力者か」とニヤッとすることもあります。その動きは、決して規則だけで急造されたものではないと思います。ひとりかふたりだけが頑張ってなんとかなるものでもないでしょう。大勢の人が価値観を共有しながら、長い時間をかけて、皆さんに「身についた」ものでありましょう。

スイスの公共交通サービス「ライトラ」（ＬＩＴＲＡ）が世界の鉄道連盟（ＵＩＣ）の

データを分析しまとめた資料によると、二〇一五年、国民が列車を利用した回数がもっとも多い国は日本で、一人七十二回でした（移動距離での一位はスイス）。

外国人店員に身につけてほしい日本の良さ

身動きだけではありません。顔の動き、表情も同じです。

最近、日本でも、外国人店員が増えました。この前、ある店の外国人店員さんが、注文のときに明らかにガイジン日本語で「すみませーん　日本語　下手で」と言っていました。私だけに言ったのではなく、彼の口癖のようです。

私が彼らに身につけてほしいと思っているのは、決して日本語能力ではありません。日本の店に入ると、コンビニだろうと街の食堂だろうと、温泉旅館だろうとビジネスホテルだろうと、「いらっしゃいませ」という声とともに、笑顔が私を迎えてくれます。

ニターッとする無茶な笑顔ではありません。本当は、ご本人は「笑っている」という自覚すらもないのかもしれません。きっと、その表情もまた、「身についた」ものでありましょう。「いらっしゃいませ」が、顔に笑顔を作るスイッチになっているのかもしれません。

外国人店員さんたちには、そういう「身についた」ものが圧倒的に足りません。率直に言って、店に入って「いらっしゃいませ」とあの日本ならではの笑顔がないと、非常にがっかりします。日本まで来て、日本ならではの思い出が一つもらえなかったような気がするからです。その「いらっしゃいませ」こそが、私を何度も日本に来るようにした日本の魅力だからです。もちろん、「身についた」を手に入れるまでは、時間がかかるでしょう。でも、適当にやめるつもりでないなら、外国人店員さんたちには、「そういう日本の良さ」に気づき、それを身につけてほしいと思います。

良いことが身についている。それもまた、どこの国のものだろうと、長年かけて手に入れた、人間としての「誇り」ではないでしょうか。

「ありがとう」「すみません」がもたらす効用

東京駅で、丸の内中央口からちょっと外に出ました。近くのカフェに入るためです。まだ工事が完全には終わっていないようです。丸ビルのあるほうに道を渡るために信号待ちをしていたら、あるご老体から道を聞かれました。どこかのホテルをお探しのようですが、初耳の名で、私にはよくわかりませんでした。そこで私が「すみません。よくわかりませんが……」と答えると、そのご老体は「そうですか。いやいや、こちらこそすみません。

実に申し訳ない」と、笑顔で挨拶をしてくれました。私のほうこそ何か申し訳なくなって、お互い軽く頭を下げながら「すみません」を二〜三回連発しているご老体と私を、近くで外国人のふたりのおねえさんが不思議そうに見ていました。

たまに、日本人に間違えられることがあります。羽田空港に帰る時にタクシーに乗ると、ご出張ですか？　と言われたりします。日本語を勉強した身としてはとても嬉しいことです。でも、顔はそうでもないので、ちょっと意外でした。私は、とくに笑顔が韓国の伝統仮面「タル」の一つ、「ヤンバンタル」（両班仮面）に似ているとよく言われます。自覚はありませんが。

「すみませんが、〜ってどこにあるか知っていますか」と、人に道を聞かれること、誰もが一回は経験あると思います。でも、韓国では、若い人たちの場合はそうでもないのですが、明らかに年上（ご老体）から道を聞かれた場合に「よくわかりません」と答えると、相手（ご老体）は、何の挨拶《あいさつ》もしません。挨拶も何もなしにパッと向きを変え、別の人にまた聞きます。何度も同じことを経験しました。どうしてなのでしょうね。年下だから、でしょうか？　ネットでもたまに同じことが議論になったりします。その中には「道をちゃんと教えてやったのにそれでも感謝の言葉なし」というのもありますし、「知らなくても適当に教えてやったほうが気持ちいい」という意地悪な話もありました。

韓国では、高齢層の地下鉄無料乗車特権をなくすべきだと署名運動が起きたりして、高齢者と若い世代の仲が悪化しています。政治においても、若い世代は彼らの親世代より明らかに「左派」（リベラル）思想が強く、とくに選挙シーズンになると「高齢層のせいで国がダメになる」という話をよく耳にします。

こうしたことは、別に難しく考えることなく、相手の年齢に関係なく「ありがとう」や「すみません」と話す回数を増やすだけでもずいぶんと良くなるのではないでしょうか。道を渡りながら、そう思いました。


店に入ってコーヒーを飲み、ひと休みします。

韓国も最近はコーヒーショップが増えましたが、まだまだ独自の味が出せる店は少なく、日本のように独自のコーヒーに独自のオヤツがいただけるところは少ないです。ここでもコーヒーと一緒に手作りの洋菓子をいただきながら、体の力を抜いてみます。姉と姪もご機嫌良さそうで、何よりです。

第二章

なぜ日本の「ご飯」は美味しいのか

まだ十一時半。時間には余裕があります。天気も曇っていますが、別に雨が降っているわけでもなく、よかったよかったと、日本の神様に感謝します。もう少しブラブラしたい気もしましたが、そのまま東京駅に戻り、秋葉原に向かいます。姪に買ってやりたいものがあったからです。

外国人から見た「秋葉原」

外国人から見た秋葉原は、少なくとも、日本の皆さんが抱いているイメージとは違うと思います。どちらかというと、完全に「観光都市」です。

プラットフォームの出口表記に沿って階段を降りると、もう種類が多すぎてどの作品のキャラなのかもわかりませんが、実にＡＮＩＭＥな絵柄の女の子のポスターが各所に目立ちます。姪が好きだというアニメのポスターもあって、何かお土産《みやげ》にキャラグッズでも買っていこうかなと思いました。

今まで、私のもとから数えきれないほどの外貨（円）がこの街で帰らぬ身となりました。家電から玩具《がんぐ》まで、高級品と言われるものから「誰か買って」と書いてある九十％引きのものまで、実にいろいろ買いましたが、今回はノートパソコンを新調するつもりです。ブログや原稿を書くには、やはり日本語ＯＳやキーボードが手に馴染《なじ》んでいるからです。

一方、秋葉原はビジネスホテルの激戦区でもあります。ベッドにこだわるところ、温泉がついているところなど、どこも特徴があり、また評判も高く、東京観光において交通面でもかなり便利です。

街の「性格」のせいか、夜九時から次の日の朝十時まで街がほとんど止まる（夜にやることがない）という弱点もありますが、それでも私は秋葉原を東京観光の拠点にするのはとても良い方法だと思っています。ホテルが近くにあると荷物が増えても帰国の日まで安心ですし。

今回は浅草橋のホテルにしましたが、一人で来る時は、私もよくアキバのビジネスホテルに泊まります。

日本の「ご飯」は圧倒的に韓国より美味しい

姪が前から欲しがっていた小型家電をプレゼントしたあと、そろそろ昼ご飯にしようかと、中央通りの店に入ります。ラーメンなどもありますが、私がここで注文するのはいつも定食類です。

さあ、韓国と日本の「見えない差」の中でも、私としてはトップクラスの差だと思っている、「ご飯」を楽しむ時がきました。

結論から言うと、日本のご飯は、韓国のご飯より美味しいです。

ここで言う「ご飯」とは、食事そのものの意味ではありません。お米、白ご飯のことです。決して高級料理店のご飯のことでもありません。食堂、レストランなどで定食を注文した時に、あるいはラーメンにご飯をつけた時に普通に出てくる、日本の基準で「よくある」存在であろう、茶碗に入った白いご飯のことです。料理なら人の好みで評価が変わるでしょう。でも、ご飯そのものなら、ある程度はその味に客観的な比較ができます。

「お米」そのものについて、日本のほうが韓国よりずっと優れているのか、それとも炊《た》き方に何か致命的な差があるのか、それはわかりません。私はそんなことまでわかるほど美食家ではありませんし、ご飯やお米に対して専門的な知識を持っているわけでもありません。

しかし、そんな私でも、感じたことを率直に書きますと、日本のご飯のほうが圧倒的に美味しいのです。

日本の「そこらじゅうにある普通のお店」で、いつも高級のお米だけを使っているのか、料理人は職人さんばかりなのかというと、それは違うと思います。なのに、どうしてここまで差があるのか、いつも不思議で、自分なりにあれこれ考えてみました。

●その一・「質」より「量」を重視する韓国の稲作

韓国もまたお米を主食としている国で、そのプライドはかなりのものです。とくに、韓国では「すべての文化を日本に教えてやった」が基本で、その逆は批判の的になります。稲作もまた韓国（朝鮮半島）が日本に教えたもので、今でも韓国のほうが上だということになっています。

ですが、二〇〇〇年代になって日本を旅行する人たちが増え、「日本のご飯のほうが美味しい」という意見が増えました。

記事を一つ引用しましょう。二〇一六年一月十一日のオーマイニュースです。

「やはり、日本に行ってきた（韓国の）人たちが例外なく同意するのは、コンビニで売っている食品の味と質である。日本のことが好きでもない私だが、率直に言ってコンビニの各種丼類やおにぎり、パンなどは、本当に美味しい。日本に四十八時間いて九回の食事をしたが、そのうちの四回をコンビニで買って食べたほどだ。なぜこんなに美味しいのだろうか。韓国にもあるコンビニチェーンなのに、味でここまで差がある理由は何だろうか。一行のひとりが、もっともらしい答えを出す。『我が国の商品は、何か材料が足りないんじゃないか？　だから同じパンでも味が違う』。物的証拠はないが、心証ではそれで間違いないと、皆がうなずく。韓国の現実を示しているようだが、確認したわけではない」

ですが、この記事には致命的な問題があります。このあと、「日本は長期不況だからコンビニが発達した」という結論で終わり、これといった考察はまったくありません。無理もありませんね。

日本を旅行する韓国人は、日本の良さに気づくものの、褒《ほ》めるよりは「どうしても何か文句を言わないといけない」という義務感に囚《とら》われたりしますから。幼い時から反日思想に「洗脳」されてきた結果です。とくにマスコミは、このくだらない「義務感」がとてつもなく強いです。

日本旅行に行ってきて「つまらなかった」「韓国のほうがいい」と言いながら、翌年にはまた日本に行くという不思議な行動を繰り返す韓国人が多いのも、そのためです。

多くの国々がそうですが、韓国も国家インフラのすべてにおいて日本をモデルにした国です。さすがに今は修正されていますが、昔の法律などは、書かれた文法が韓国語より日本語（の直訳）に近かったとまで言われています。

とくにコンビニは、日本でのシステムがそのまま入ってきました。言い換えれば、韓国現地での適応という問題はあるでしょうけれど、「物」の基本は、日本も韓国も同じです。別に不況がどうとかでは、説明できない差でありましょう。

「韓国のほうが美味しいはずなのに日本が美味しいって言われる」、韓国人のプライドを逆撫《さかな》でするこうした意見はなぜ出てくるのか。

深く考察した記事を見つけることは容易ではありません。なにせ、ご飯の話になるとどうしても「米」の話にも繋がるものですが、先にも書きましたが、韓国で「韓国産のお米を批判する」ことは難しく、とくに相手が日本の場合、それは反社会的なものでしかないからです。

実際、ネット検索してみても、「日本の米より韓国の米がおいしい」「韓国の米は世界一だ」「日本のコシヒカリに韓国産の米が勝った」という記事ばかりヒットします。産地偽装をしたり流通で良からぬことをした人が逮捕されたという「事件」の記事は無数にヒットするものの、もっと総合的に韓国の米に関する問題点を扱った記事はなかなか手に入りません。

苦労して確認できたのは、二〇一〇年十月九日の朝鮮日報〈ご飯の味が及ばない理由……韓国の米が良いのに日本のご飯がおいしい？〉という記事です。まとめてみましょう。

・韓国のお米は日本より優れている。しかし、日本に行ってきた人たちは、日本のご飯がおいしいという。その理由はなんだろうか

・最初の理由は、米（稲）の栽培において質より量を優先する耕作方式である。一度に多くの量を収穫し、多くの収入を得るためである。収穫量を上げるには、肥料を多用する必要がある。ところが、窒素肥料を使えば使うほど、米のタンパク質含有量が増え、ご飯の味は落ちる。政府は三百坪あたりの窒素肥料の使用量を九キロに制限する標準的な農法を推奨しているが、これを遵守《じゅんしゅ》する農家は多くない。質の代わりに量を選択するというわけだ

・最高級で収穫量も多い稲の品種でも、農民が使った肥料の量は平均十三～十五キロだった。該当品種の場合、国立食糧科学院によると、窒素肥料七キロでもっともご飯の味が

良くなるという。「量」を優先させるために、農民たちは肥料を使いすぎたのだ。米の味と質は落ちた。結果的には、米の価格下落にも繋がってしまう

・日本の稲は違う。有名な品種の窒素肥料の使用量は五キロ台だ。それ以上を与えると稲が倒れる。肥料の使用量が少ないので、タンパク質の含有量が少なく、ご飯の味もまた良くなる

・韓国には、米の品質を客観的に評価できる基準も、機器もない。有名ブランドのお米ではないものの、良い米は多い。しかし、それらは「一般米」とひとくくりにされ、二十キロに四〜五万ウォン台の一律の価格になる

・米の品質を等級別に判定し買い取る米穀総合処理場（ＲＰＣ）は全国に二百六十二カ所ある。しかし、タンパク質含有量を分析する機器と、完全米（白米状態で傷のない米）の割合を正確に確認する装置を備えたところは、そのうちの十％にすぎないのが実情だ。現在行われている品質検査は、米の外観や色を肉眼で見るだけだ。政府が定めた米の評価は、特級など四つのランクがあるが、「一等級以上が八十％を超えるなど、余程のことがないと一等級になる」くらいいい加減に決まるというのが農民たちの証言だ

・美味しい米を作るために頑張っても、価格設定も品質ランクも一律的に決められてしま

う。これでは、農民たちが「高品質」にこだわる理由がないのだ

・全国米穀総合処理場の中で、低温貯蔵庫を備えたところは二十八％に過ぎない。全国の米の生産量四百九十一万トンのうち、五十二万七千トンだけが低温貯蔵施設に保管され、出荷される

・（著者注：取材のために朝鮮日報の記者さんが）訪れた米穀総合処理場にも低温貯蔵室はなかった。代わりに、断熱材を備えた、別名「サイロ」と呼ばれるブリキ製貯蔵庫で保存する。計八個のブリキ貯蔵庫が収容できるのは二千四百トン。処理場で会ったある職員の話によると、「一年間、米穀総合処理場を経ていく稲は一万トンを超える。とくに十～十一月には、処理場近くの一般的な倉庫をレンタルして積んでおくしかない」と述べた。韓国農村経済研究院は「米の品種も重要だが、収穫後に適温で管理されているかどうかが米の味に大きな違いを生む」と指摘した

・米が「混ざる」ことも問題だ。同じランクの米、同じブランドの米だけで構成されず、言わば百％の単一品種で商品化されることが難しいということ。たとえ同じ品種であっても別のランクが混ざり合う。栽培段階から農民が別の品種を混合する場合もあり、米穀総合処理場で混合される場合もある。ちゃんと区別するとコストがかかるといって、

いい加減に積んでおくからこんなことになるのだ

・流通過程で米を故意に混合することも少なからず発生する。江原道《カンウォンド》のある農民の証言によると、農民たちの間では、「工場に行って着替えてくる」という言葉がよくあるという。四年前の政府米と新米を混ぜ、安い価格をつけて市場に出すという意味である。

「（そうやってできあがるのは）二十キロ・二万ウォン（著者注：約二千円）台の米ですよ。どの程度なのかおわかりでしょう？　ご飯一人分を炊くのにコストが三百ウォン（著者注：約三十円）しかかかりません。食堂では、当然、そういう米を使わない手はないでしょう」とその農民は話した

口蹄疫《こうていえき》の家畜が処分後も自然分解されないままの土地で作られた農作物

余談ですが、記事で指摘している「収穫量を増やすため」は、米だけではありません。

今でも韓国では各地で口蹄疫《こうていえき》が頻発していますが、二〇一一年には口蹄疫が全国的に蔓《まん》延《えん》し、約三百五十万頭の家畜が殺処分されました。その際、数十、数百頭の豚を生きたまま地に埋め、いい加減な形で殺処分しました。それを韓国では「埋没地」と言います。今でも、その際の殺処分（埋没）のやり方に問題があったという指摘が絶えません。

二〇一六年三月二十一日のKBSの報道によると、規定を守らなかった無作為な殺処分で、五年が過ぎた今も（家畜の）死体が自然分解されず、水質や土壌の汚染が深刻だということです。

KBSの取材チームが京畿道《キョンギド》（ソウル近くの首都圏地域です）にある口蹄疫の家畜が殺処分された埋没地を掘ってみましたが、そこには五年経っても自然分解されていない豚の死体だらけでした。

普通なら三年以内に汚染なしに自然分解されるはずですが、しっかりとした「前処理」なしに、規定より多くの豚を無理矢理埋めたせいで、自然分解が進まなかったのです。記事の埋没地も、規定通りなら四百二十匹分のスペースしかないのに、六百五十匹を埋没したとのことです。

記事は、「ひどい悪臭で息もできません」「周辺の土壌は真っ黒に変わり、浸出水（廃棄物が腐敗して地下に貯まっていた汚水が流れ出るもの）まで流れ、周辺の地下水の汚染まで懸念されます」「浸出水を抜き出す汚染防止施設も機能していません」と、現場の雰囲気を伝えています。

問題は、このように汚染された埋没地で、土地所有者が農作物を栽培していることです。

記事の土地にも、ニンニクを植えてありました。このような口蹄疫埋没地は、京畿道の二千カ所など、全国的に四千五百カ所になります。

口蹄疫が大問題になっていた二〇一一年二月二十五日のＣＢＳノーカットニュースの報道によると、「農林水産食品部の資料によれば、最近三年間の家畜埋没地六百二十二カ所の十二・五％である七十八カ所が違う用途で利用されていることがわかりました。とくに、この中で稲作（三カ所）をはじめ、作物を栽培している所が五十三カ所もありました。浸出水が発生しているかもしれない土地で育った作物が、普通に流通されているのです」というのですから、怒りを乗り越えて、もう笑うしかありません。

総合してみると、ご飯になる「前の段階」から、すでに問題があったと言わざるをえないでしょう。

自営業比率の高い韓国人の人生は「起承転鶏」!?

では、この米でご飯を炊いたとして、その二、「ご飯の保管」についての考察を書いてみます。

二〇一五年末、「韓国のチキン屋（フライドチキンなどを売る店）の数が全世界のマクドナルド店舗数より多い」というデータが紹介され話題となり、韓国人の人生は、どんなに頑張っても結局はチキン屋をやるしかないという意味で「起承転鶏」という笑えないジョークまで作られました。

事実、決して多様性はなく（やっているメニューがほぼ同じ）、老舗は滅多にない（すぐ業種を変える、子に店を継がせない）ものの、韓国は、自営業者が多い国です。

韓国にとって自営業者の歴史は、庶民経済の歴史そのものでもあります。

まとめる記事や報告書によって差はありますが、一九八〇年代の韓国の総就業者においての自営業者の比率は、三十五％前後でした。しかし、これはＯＥＣＤ基準に当時のデータを適用した数値ですが、集計方式はちゃんとしていたのか、無数にあった違法の店は統計に反映されているのかなど、正確なデータかどうかは疑問です。

記事によっては、一九八〇年代の自営業者比率は五十％を超えていたという分析まであります。

朝鮮戦争が終わり、一九六〇年代になって、韓国は都市部、とくにソウル特別市への人口集中が問題になりました。

当時の人たちにとって都市は理想郷だったかもしれませんが、「とりあえず都市へ行けばいい」という浅はかな考えで何とかなる、甘い世の中ではありませんでした。高齢者、女性、なんの知識もノウハウもない勢いだけのおじさんたち。彼らが都市を必要としても、都市は彼らを必要としませんでした。そんな人たちが、生き残るために自営業を始めました。

当時も今も、企業の雇用創出が思ったほど高くないこともあって、それからも韓国の自営業者比率は高いままでした。

韓国で「ステンレス製」の食器が大ヒットした理由

決して余裕のある状況ではなかった当時の自営業者たちの悩みの一つが、「食器」でした。洗いやすく、壊れにくく、同じ時期から普及した練炭の火にも変色しない、そんな便利な食器はないのだろうか？

その需要を狙《ねら》い、ステンレス製の食器が大ヒットし、一九八〇年代初頭には、韓国の食堂の食器はほとんどがステンレス製になっていました。

ここまで早く普及できた理由は、単純に使いやすいという側面が強いですが、それだけではありません。

いつだったか、祖母からこんな話を聞きました。「皆、昔の貴族（両班階級《ヤンバン》）たちが使っていた金・銀の食器に憧《あこが》れていたからか、つい買ってしまう人たちが多いね」。姉も子どもの頃に母からこんな話をよく耳にしたそうです。「大金持ちの人たちが使っていたピカピカの食器が欲しいけど、高くて買えないから、あれ（ステンレス製）が売れているそうだ」と。

ここでいうピカピカの食器とは、時期的に、銀で作られた洋食器の類だと思われます。そう、ずっと前から、輝く食器に関する韓国人の執着は尋常ではないものでした。

一九七四年十一月十一日の東亜日報の記事から、該当部分を部分引用します。

「金冠などが見つかった慶州《キョンジュ》の九十八号古墳で、今度は純金でできた茶碗が出土したという。『四一九』（著者注：一九六〇年四月十九日、李承晩《イスンマン》政権を追い出した大規模デモのこと）の時に失権した人の屋敷で金のスプーンが何本も出てきたり、捜査を受けていた腐敗官僚の家に金でできた茶碗があったり、白金でできた将星（准将以上となる軍の最高位階級）の階級章が出てきたり、『金』と権力の裏の関わりを見てきた私たちとしては、金の茶碗とは実に興味深い。

九十八号古墳で金の所蔵品が出土したというニュースにおいて、ある日刊新聞の四コマ漫画の主人公が涙を流しながら『ご先祖様たちも大変だったんですね』と話すシーンが記憶に新しい。特権層や財閥などが金の茶碗に金のスプーンを弄《もてあそ》びながら王様にでもなったような夢に浸《ひた》っているなら、その裏には庶民の涙があったことを忘れるべきでない」

この件だけでもありませんが、韓国民の「批判」は、「あれは直すべきだ」ではなく、実は「私もあんなことしてみたい」という欲望とセットになっている場合が多くあります。まだ節約が無条件で美徳になっていた一九七〇年代。大金持ちたちの食器を批判しながらも、実はそれに憧れていたわけです。ステンレス製の食器で食事をしながら、庶民たちは大金持ちになった錯覚を楽しんでいたのではないでしょうか。

今では、韓国の家庭ではスプーンと箸以外のステンレス製の食器はあまり使わなくなりました。しかし、今でも食堂などほとんどの店では、スプーン、箸、グックルッ（カルビタンやソルロンタンなどスープ料理を入れる大きな茶碗）、そしてご飯用の茶碗は、ステンレス製のものを使っています。

●その二・ご飯の保管方法

ご飯の保管に関しては、ステンレス茶碗がクセモノです。

韓国の多くの店では、ご飯を炊き、この金属の茶碗に入れ、ギュッと蓋《ふた》をしたまま（金属茶碗はほぼ共通サイズで、かならず蓋がセットになっています）、それを温蔵庫、または大きな炊飯器の中で保存します。

日本では、適当に書くと、「注文が入る→大きな炊飯器を開ける→ご飯を茶碗に移す」のプロセスとなります。

しかし、韓国では「注文が入る→大きな炊飯器または温蔵庫を開ける→中から茶碗ごと取り出す」になります。毎日新しくご飯を炊くのかどうかはわかりません。

そんな状態で保管されているご飯は、すぐに提供されるなら問題ないかもしれませんが、二時間三時間と時間が経つと、あきらかにまずくなります。出てきた茶碗はかなり熱くなっていて、蓋を開けると、中のご飯には無数の水滴ができています。ご飯粒とご飯粒はまるでおにぎりでも握ったようにくっついています。どちらかというと、炊いたのか、蒸したのか、よくわからない状態になっています。

最悪なのは、こんなご飯で寿司やキムバップ（韓国の海苔《のり》巻き）を作って売る店もあるということです。韓国のデパートや大型スーパー、または高速道路にある休憩所などで売っている寿司や海苔巻きなどを食べてみてください。ご飯が餅《もち》みたいになっていることがわかるでしょう。

でも、ご飯が腐っていたりすごい臭《にお》いがしたりしないかぎり、客のほうもまた、こういうマズイご飯を「こんなもんだろう」としか思わなくなりました。「そうだな。ご飯なんか、どうせこんなものだ」。

何年か前に、ビールが大好きの知り合いから聞いた話です。日本製ビールが韓国でヒットを続け、日本のメーカーの生ビールがやっと韓国でも飲めるようになった時期のことです。

「同じ会社の生ビールでもね、日本のほうがずっと美味しいんだよ。なぜならね、作り方が同じでも、扱い方が違うからなんだよ」。彼はそう言いました。彼もまた、そこそこ日本（大阪）に行き来している人でした。私はビールには詳しくないので、細かいことはわかりませんでしたが、彼の話だと「適当に言うとね、運送と保管の話だよ」とのことでした。

先の朝鮮日報の記事が指摘していた米の保管の問題もそうですが、ビールも米もそしてご飯も、やはり「どう保管しているのか」は重要であると言わざるを得ないでしょう。

●その三・韓国料理の「変質」

その三は、韓国料理の「変質」です。

韓国では、昔から料理において「汁」（グクムル）を出すことがとても大事にされてきました。スプーンを使わないといけないのもそのためです。

昔は、薬といっても漢方薬だけで、薬材を「煎《せん》じて」、そこから出てきた汁が薬になります。韓国では、それを煎じる人の情誠（尽くす心）が、そのまま薬効に繋がると信じられていました。私が子どもの頃にもこの考え方が残っていて、薬効がないと、それを煎じた人（主に患者の妻がやります）が怒られました。それが料理にも適用されていたわけです。

韓国といえば焼き肉のイメージがありますよね。肉の焼き方も例外ではありません。今あるのはほとんどが炭火焼きで、韓国ではこれを「スップルグイ」（炭の火で焼いた料理の意味）と呼んでいます。

しかし、これは日本から渡ってきた焼き方だと言われています。少なくとも一九七〇～一九八〇年代まで韓国の子どもたちにとって最高のごちそうだった焼き肉は、「ブルゴギ」でした。「火」（ブル）と「肉」（ゴギ）。わかりやすいネーミングです。

ブルゴギは、特異な形のプレートで焼いて汁を溜《た》めるようになっています。肉のサイズなどは、日本で言う牛丼と同じか少し大きなサイズです。日本料理の「ジンギスカン」にとても似ています。

炭火焼きは、私が子どもだった頃には、かなりのマイナーでした。小さな市場の店などで「ガルビ」（カルビ、骨付き肉）を味付けして、炭火や練炭の火で焼いて売っていることはありましたが、骨付き肉もまた、基本的には野菜などと一緒に蒸して、または煮込んで食べることが基本でした。「カルビチム」（カルビを煮込んだという意味）などがそうです。

キムチのイメージなどで「韓国料理は辛い」という認識がありますが、このような「汁」へのこだわりのせいで、実は、昔の韓国料理には味が薄く、塩をいれて食べないといけないものもたくさんありました。

しかし、苦しい経済や、ちゃんとした伝統料理法が伝授されなかったなどの理由で、朝鮮戦争後の韓国では「適切な汁を出す」こだわりは消えてしまい、汁はただ量を増やすだけのものになってしまいました。

食べ方も、昔は身分の低い人たちの食べ方とされた「ご飯と汁を混ぜる」（グックやタンと呼ばれるスープ料理の中にご飯を入れる）が主流となりました。その過程で、店側は、味が薄くなり過ぎないように、化学調味料を必要以上に入れるようになりました。

今では家庭でも同じです。ホームステイかなにかで韓国人が料理するところをご覧になった方なら、ダシダ（韓国の有名な化学調味料の商品名）など化学調味料の類を入れ過ぎだと思われたことはないでしょうか。

この変質は最近でもまったく直らず、むしろ悪化しています。

強い味に慣れてしまった人たちを満足させるため、作り手は「強い味付け」だけを強調しました。

とくに「辛い」が有名で、韓国でもっとも売れているインスタントラーメンの名前が「シン（辛）ラーメン」であることが、その裏付けとなりえましょう。一時は「とにかく辛くしないと売れない」という風潮があるほど、韓国では辛いものが流行りました。辛さは、ほどほどにしないと、人の味の感覚を狂わせます。すごく辛いものを食べたあとでは、しばらくは他の味がよくわからなくなります。

他にも韓国料理は「熱い」料理が多いのも特徴です。スプーンが金属ということもあって、ヘタをすれば唇が火傷《やけど》しそうなものもあります。熱さもまた、ちゃんとした味がわからなくなります。

そんな食べ方をしている人たちにとって、ご飯は、辛い味をある程度中和するための、または量を満たすだけのものになってしまったのです。

日本の食品消費者は「味」をもっとも大事にする

二〇一六年三月十日の聯合ニュースの報道によると、財閥グループの一つであるＣＪ第一製糖が調べた結果、アメリカの食品消費者の関心事は「成分」、中国の食品消費者は「正規品なのかどうか」、日本の食品消費者は「味」をもっとも大事にしていることがわかりました。

アメリカの場合は、「遺伝子変形農産物」（ＧＭＯ）や「アレルギー成分」などにもっとも気を遣《つか》っており、また容器がリサイクル可能な、いわゆる環境に優しいものでないとどんな製品だろうと買わない意向を見せる人も多かったとのことです。

中国では「購入したものが正規品なのかどうか」を気にする人がもっとも多かったとのことです。化学調味料などを買っては「これは正規品なのかどうか」という問い合わせがとても多いそうです。外国で「爆買い」したくなるわけです。

日本の場合は、「味」。アンケートの結果、美味しいという褒《ほ》め言葉とともに、辛い味、しょっぱい味、酸っぱい味などを細密に区別する評価を下す人が多かったとのことです。

この記事を読んで、「うわー、国民性が出てる」と思いました。記事本文にはありませんが、韓国人は食品の場合「産地」ではないでしょうか。なんだかんだで「国産」を最高にしているようです。ただ、産地表記をちゃんと信用する人はそういません。国産表記でも本当は中国産だったり、偽造表記が多すぎるからです。

アメリカが成分、中国が正規品に気を遣うのは、「気にするしかない環境だから」という意地悪な解釈もできます。ただ、日本人が味にうるさい（良い意味で）というのは、「環境がそうだから人が気にする」ではなく、「人がそうだから環境（店や会社）が気にする」という解釈も可能ではないでしょうか。美味しいものにうるさいから、店も会社もおいしいものを提供しないといけなくなるわけです。

化学調味料に依存する強い味を提供し、ご飯は別にどうでもいいやとする韓国の店。味の分析に鋭《するど》い日本の消費者。その衝突は、最初に書いた「日本人観光客の激減問題」とも無関係ではないでしょう。

●その四・韓国「接待文化」の副作用

その四として、韓国の「待接（日本で言う『接待』）文化」の副作用と景気の悪化です。

二〇一六年三月十六日、聯合ニュースの報道によると、日本の某教授が次のように話しました。「韓国料理と日本料理は米飯を主食とするという点で似ています。しかし、韓国料理は盛りだくさんです。お客さんが来ればおかずを豊かに用意し茶碗いっぱいに入れたご飯と一緒にでてきます。食卓を見ると、情が感じられます」

韓国のマスコミは、韓国を褒める内容を「日本人が」言ったとなると、ものすごく喜びます。同じく、日本を非難する内容を「日本人が」言ったとなると、それも大喜びです。この記事も例外ではありませんでした。

どうでしょう。「情」（ジョン）は、「相手を思う心」とでも言いましょうか。そんな感情的な評価にまで「それは違う」と言い切るつもりはありません。そう感じたなら、それでいいでしょう。

しかし、反論もあります。私はこの「客に大盛りの待接」こそが、韓国でなくなるべき文化の一つだと思っているからです。

ある会食の場で、知り合いの奥さんから、彼女の留学先での話を聞いたことがあります。某国で、「偉そうにしすぎ」「恩着せがましい態度はやめたほうがいい」と指摘されることが何度もあったそうです。友だちから直接言われたことで、彼女にそんなつもりはなかったので、悔《くや》しかった、と。

同じ場の人たちは「それは外国人が韓国人を理解できないからです」と話しましたが、私は「私たち韓国人には、無意識的に、情を相手に『与える』ではなく、『売る』感覚があります。そのせいかもしれないですね」と話しました。場の雰囲気はおかしくなったものの、彼女はむしろ私のほうに同意してくれました。「そうかもしれません。それですよ、まさにそれ」と。

韓国人の「情」は、決してタダではありません。これ、豆知識です。

単純に、「客が食べきれないほどのものを用意するのが主の品格」という考え方は浪費に繋がります。朝鮮半島特有のものか、それとも儒教の影響か、客のほうもまた「食べ残し」を自分の体面を守るための美徳にしていました。全部食べなかった俺かっこいい！という考えでしょうか。

しかし、もう少し深入りして見ると、この「大盛り待接」は、自分の体面を守るための誇示を、「基準以上の接待」と同一視する韓国人の悪い習性の一部でしかありません。

韓国人は、万人に平等に適用される一般的な基準より、それ以上のものを何かもらわないと、自分の「体面」（プライド）を満たすことができず、自分が無視されていると思いこみます。

とりあえず値引きをしないと何も買わないのも、学校などで流行っている「寸志文化」（賄賂《わいろ》を与えること）も、違法政治資金が一般化されているのも、基本的には同じ心理です。

客の食べ残しを別の客にまた出す「残飯再利用」の実態

二〇〇〇年代になって、韓国でも日本旅行に行く人たちが増えましたが、当時、日本ではおかずの追加注文が無料ではないことで、「日本ではね、定食のおかずはおろか味噌汁を追加で注文してもお金を払わないといけないんだよ」という不満をよく耳にしました。韓国では、メインの料理以外のおかずは食べ放題のところが多いからです。

それはまさに「店が客に基準以上を接待する」形そのもので、店の人が困るまでおかわりしては、それを食べ残す人も多いことがいつも問題になりました。そうすることで、自分がより優遇されているという錯覚《さっかく》を楽しんでいたわけです。韓国では何十年も前から「食べ残さない」は国民の意識を改善するための国家キャンペーンで欠かせないテーマでした。

でも、こんなことを好きでやる店があるはずがありません。とりあえずたくさん食べたいという客を引き寄せるための苦肉の策にすぎず、自分の首を絞める結果にしかなりませんでした。客の食べ残しのおかずを別の客にまた出す「再利用」が、その代表例です。

ニュースシース（NEWS IS／韓国のニュース通信社の一つ）の二〇〇九年十月九日の報道に載っているデータによると、国会保健福祉家族委所属の国会議員が食品医薬品安全庁の「二〇〇九年一月～二〇〇九年八月末までに残飯再利用業者への指導点検現況」という資料を元に分析した結果、全国十六の市・道（韓国の行政区域で日本の県のようなもの）で「再利用」をしているとして、八万八百四十六カ所が摘発《てきはつ》されたとのことです。調査対象全体の十二・一％にあたります。

この見苦しい「再利用」（韓国ではこう言います）は、国家または自治体レベルの人的・物的支援がないと、現場での摘発は難しいと言われています。店の厨房《ちゅうぼう》まで警察や公務員が入らないと確認が難しいからです。二〇一〇年からはこれといった大規模調査データもなく、食品医薬品安全庁は再利用の管理点検を「勧告」水準にしかしていません。たいした問題だと思ってないようですね。

それからも、マスコミは定期的にこの問題を取り上げたものの、いまだに改善は見られません。大手か零細かの問題でもなければ（大手チェーン店も何度も摘発されました）、ソウルか地方かの問題でもありません。先のデータによると、ソウルの場合は調査対象の店の二十四・五％が摘発され、むしろ他の地域より悪い結果となりました。

　こんな見苦しい現状の原因を、経済的な理由だけにするのは間違いだと思います。本書でもこれから書いていくことになりますが、人としての「志《こころざし》」の問題もありましょう。

　しかし、衣食足りて礼節を知るという日本の諺《ことわざ》もありますが、決してそれ「だけ」ではないにせよ、経済的な理由、すなわち不況や過当競争が無視できない原因であることも、また事実です。

「十年生存率」が六・八％のジリ貧飲食店にとって「ご飯」は邪魔者

　韓国の自営業は、明らかに「過当競争中」です。

　一九九七年の国家財政破綻でリストラされた人たちが仕方なく自営業を始めたり、二〇〇〇年代には五十代で引退した「ベビーブーマー世代」が老後のために自営業者になったりしながら、つい数年前までも、韓国の自営業者比率は三十％を超えていました。ＯＥＣＤ平均は二〇一一年基準で十六・一％です。

　先より韓国は自営業が多いですと書いていますが、これでは、ピンときませんよね。もっとわかりやすく、店の数で見てみましょうか。

韓国のケーブルテレビには「トマトTV」というかわいい名前のチャンネルがありますが、ネーミングセンスとは裏腹に、経済・社会をテーマとする放送局です。そのトマトさんの二〇一六年三月三日付けニュースによると、「二〇一二年基準で、人口千人当たりの韓国の飲食業・宿泊業所は十三・五カ所で、日本（五・六）、アメリカ（二・二）、イギリス（二・七）よりずっと多い」とのことでして。

なぜ「飲食業・宿泊業」なのかというと、もちろん規模にもよりますが、飲食業・宿泊業は、余裕のない資金でも始めることが多いため、「庶民自営業」と言われています（もう一つ入れるなら、小売業があります）。しかし、宿泊業は飲食業に比べると数がそんなに多いわけではありません。先の比較データで日本と二倍以上の差がある原因は、飲食業によります。

記事でも、競争が過熱しているとして飲食業を挙げています。

「（リストラなどで）仕事をやめざるを得ない人は増えたが、人の寿命は長くなるばかりで、引退後の起業を選択する人が増えた。とくに職場で押し出されたベビーブーマー世代がすでに無数にあるチキン屋やコーヒーショップを始める。退職金に、無理して借金までして、自営業を始めてみるものの、彼らの半分は三年も耐えられず廃業する。ほとんどの場合は投資コストを回収できないため、再起は難しい。事実上の破産である。それでも職場から追い出された人たちは、借金で起業戦線に飛び込む。独自の特色もない。食っていくための生計型自営業者である。彼らは自分の首を絞《し》める過熱競争を巻き起こし、また廃業につながる悪循環から抜け出せない。これは、社会的に中産層（中位階級）の崩壊を生む」

　店が何年持つのかを韓国では「〇年生存率」と言います。

　二〇一五年十月七日の国民日報が、二〇〇四〜二〇一三年の自営業者の生存率（十年生存率）は十六・四％に過ぎなかったという悲しいデータを報道していますが、その廃業した店の中で二十二％が飲食店であり、その生存率は六・八％にすぎませんでした。

　こうした廃業続出で自営業者比率はついに二十七・四％（二〇一三年）まで減り、今では二十五％を切ったのではという指摘もありますが、それでも事前準備のない無責任な起業は続いていて、まだまだ韓国の自営業者比率はＯＥＣＤ平均より十％以上も高いままです。

老後対策から見ても、データから見ても、そして街の風景を見ても、まだまだ韓国は「自営業者が多い国」、とくに飲食店の多い国で、この問題の改善は見られそうにありません。

このような状況の中、「美味しいご飯」という存在は、果たしてどれだけの意味をなしていたのでしょうか。店のほうからみると、利便性にも経済性にもただ邪魔でしかないご飯。客のほうからも、強い味の「助演」でしか求めなくなったご飯。その影は薄くなるしかなく、結局は「マズイのが普通」になってしまった。

以上が、私の考察結果です。

ご飯が美味しくなる「隠し味」は、日本の「おもてなし」の心

もう一つ付け加えるなら、「人の味」です。

私は日本に来ると唐揚《からあ》げとカレーは絶対食べます。韓国にも似たようなものはありますが、味が全然違うからです。同じく、姪は「寿司の味がぜんぜん違う」と言います。姉は、意外と、ソフトアイスクリームを挙げます。私はソフトアイスをあまり食べないので詳し

くはわかりませんが、姉いわく、「日本のアイスは、本当に牛乳を入れていることがわかる。牛乳の味がするから。韓国のアイスからは、こんな味はしない」だそうです。

今回は、私は唐揚げ定食と、姉と姪はラーメンを注文しました。出てきた料理は、ご飯も美味しく、量もちょうどいいと思いました。先に注文したギョウザとビールも併せてお腹いっぱいになるまで食べました。ギョウザもまた、韓国にも「焼きギョウザ」がありますが、どちらかというと全面を揚げたもので、食感はかなりパリッとします。日本のように片面だけ焼いたものはありません。

ギョウザを食べビールを飲んでいると、店の人が来て「唐揚げ定食が遅くなって申し訳ございません」と言ってきました。たぶん、厨房で料理を作る人に見えました。私はたいして遅かったとは思わなかったので、「いえいえ、大丈夫ですよ」と答えましたが、店の人はそれからも二～三回のお辞儀のあと、厨房のほうに戻りました。

姉はびっくりしました。「韓国では、料理が出てくるのが少しでも遅いと客が（文句を言いに）厨房のほうに行く。日本では、料理が出てくるのがたいして遅くもないのに店の人が客のほうに来るのね」

日本の「オモテナシ」。その意味を調べてみると、単に「お」＋「持て成す」だけでなく、「裏表なし」の心という意味もあるそうですね。韓国人の「情」に欠けている大事な何かが、その中にある気がします。

難しく考える必要などなく、料理をもっとも美味しくするのは、そういう志だと思いました。そう、これはご飯の話だけでなく、本書の最初から最後まで全てに共通することですが、結局もっとも大事なのは、「人」の味です。

現状についての「自覚」がなければ「向上」もない

韓国人は、「上下関係」を何より大事にします。「情」というのも、所詮《しょせん》は自分が上に立つための利害関係のための貸し借りで終わってしまうことが多々あります。

人に「上下」はないのでしょうか？　もしあるとすれば、人の上下は、他の人と比べての上下ではありません。比べるべき対象は自分自身です。「自分自身より上」なら、その人は上です。「自分自身より下」なら、下です。

韓国では「マインド」(mind) という表現を使うことが多いです。貧乏な人には貧乏な人なりの、大金持ちには大金持ちなりの、「心持ち」が必要だという意味です。私は、個人的な見解ですが、このマインドとは、今の自分自身のあるべき姿に対する「自覚があるのかないのか」だと思っています。自覚は責任でもあります。

今自分はどこにいるのか、何をしているのか、周りの人たちから何を期待され、自分は何がしたいのか。何をすべきなのか、今まで何をして、これからは何をしていくべきか。そういう自覚を持つことで、人はあるものを手に入れることになります。「向上心」というものです。

この向上心を持っている人は「今の自分」より上になれます。先に書いた「自分自身より上」とは、こういう人のことです。

向上心といっても、大げさなものではありません。急激な改革を意味するものでもありません。実際、人は生きていきながら、向上心の結果を出せない時もあります。現状維持、場合によっては目標から後退することもあるかもしれません。

ただ、それはそれですごいことです。そういう努力も、社会の「普通」の維持に役立ちます。外から見ると、それは素晴らしいことです。長く続く普通は「ノウハウ」とも言えます。その中に向上心はかならず存在しています。そういう社会には、いずれ飛躍のチャンスも来るでしょう。自分自身でそれを否定しないかぎりは。

大金持ちになったり、権力を手に入れたり、そんなことで人の上下は決まりません。他人と比べても何も変わりません。自分自身を把握し、上を目指すこと。向上心そのものが人を「上」にできるものであると、私は思っています。常に向上心たるマインドを持っている人こそ、「上の人」なのです。

自覚を持っていない人には、向上心もありません。年数を重ねても、発展はありません。多くの韓国人は今自分たちが何をやっているのか、何を求められているのか、自覚がありません。

これも、韓国、地元であった会食の時の話です。

ある和食店で、料理を運んできた女性店員が、部屋の床においてある皿を踏んづけました。割れたりはしませんでしたが、店員は足が痛かったのかそれとも靴下に何か付いたのか、「アーシー」（あー、ちきしょー）と言いながら部屋から出て行きました。

日本なら、店員の口からは「すみません」が真っ先に出てきそうなものですが……「すみません」という言葉がどれだけ美しいものなのか、他の人に対してではなく、自分自身に対して、どれだけ美しいものなのか。実感できる瞬間でもありました。

彼女のあるべき姿は、「テーブルに料理を置く」だけではありません。和食屋の店員です。社会の構成員として「期待されている」自分の姿は何か。知らないというのは、嘘でしょう。その自覚がなければ、向上心もありません。

彼女は、「下」です。他の誰でもなく、彼女自身より「下」ですから。

こういう現象が広く、深くなっていくと、社会の期待そのものが崩れます。「下」が、「普通」になってしまいます。韓国のご飯みたいに。

「日本のせいで米を食べることができなかった」自称知識人の矛盾

料理を美味しくいただいてから、絶妙な満足感の中、上のほうに少し目を上げると、国産（日本産）の米を使っているという壁の貼り紙が視野に入りました。つい「なるほど」と小さく呟《つぶや》きながら、席を立ちます。

おまけに、お金を支払う時にも、日本と韓国ではちょっとした差があります。たとえば代金が千六百円で、五千円札を払ってお釣りが三千四百円だとすると、日本では大きなほう（三千円）を先に、そのあとに小銭とレシートを渡してくれます。韓国では全部一気に渡すため、片手に荷物などを持っていると、それらを財布やポケットに入れるのにちょっとだけ苦労します。

ご飯の話を〆《しめ》る前に、韓国人がいつから白ご飯を食べるようになったのか、について書いておきたいと思います。

一般的になったのは、一九八〇年代になってからです。ただ、それは、ある種の「贅《ぜい》沢《たく》」であり、「良くないこと」にされていました。

一九八五年五月二十八日の毎日経済に載っている釜山《プサン》大学の元総長の寄稿コラムから、当時の認識を垣間《かいま》見ることができます。まとめてみます。

・我ら民族の数千年に及ぶ食生活から主穀（主食となる穀物）がどう変化してきたかはくわしくはわからないが、統一新羅《しらぎ》時代や高麗《こうらい》時代には北部ではゾ（粟《あわ》）、南部ではボリ（麦）が主穀で、米は貴族、富裕層だけが食べたと思われる
・それから米の生産量は全国的に増えたが、日帝時代に総督府は日本の食糧問題を解決するために朝鮮に米穀増産計画を立て、毎年五百万〜六百万石《ごく》を日本に提供させ、軍糧とした。我ら民族は満州などで雑穀を買ってきて食糧にした
・解放（併合時代の終わり）のあとには全国民が国を取り戻した喜びのあまり、白米を主食とし、国の立て直しに使うべき貴重な外貨を外米（外国産米）を買うために使った
・農業国である我が国が外国産を買ってくるのは反省すべきだ。一九八一年度にも千五百

四十万石の外国産穀物を買ってきた。政府は麦類の生産拡大を推進し、麦の消費を積極的に奨励した。飲食店や構内食堂などでは二十％程度の混食（米に麦を混ぜるなど）を義務化し、学生や児童の弁当にも麦を入れるように指導した
・麦の混食が栄養もいいし家計にもいいし愛国への道でもあるのに、混食キャンペーンがいつのまにかうやむやになってしまったことは実に嘆《なげ》かわしいことだ

私もまた、小学校の頃には「弁当は白ご飯だけだといけない。麦を混ぜるように」と言われましたし、先生がいちいち弁当を検査することもありました。白ご飯だけでは怒られました。あれも一九八〇年代の話で、個人的な経験ともほぼ一致する内容です。

ただ、この寄稿文の主張には、「日本に提供した（実は輸出でしょうけど）」とするお米を食べればいいのに、何で解放後に外国産を買ってきたのか？　という矛盾《むじゅん》があります。

まるで「日本のせいでそれまでは米を食べることができなかった」のようなニュアンスですが、このコラムを書いた人が指摘している問題は、併合時代や解放後のものではなく、朝鮮戦争後の米の自給に失敗したことだと思うのが妥当でしょう。経済発展、ベビーブームのあとにもそれはうまく行かず、一九八五年時点でも足りなくなっていたのでしょうね。

なんでも日本のせいにすればなんとかなると思っている、韓国の「自称知識人」の典型です。

良い気持ちで食事を終え、再び中央通りに出て、旅行を続けます。

第三章

日韓比較・国を語る五つの象徴

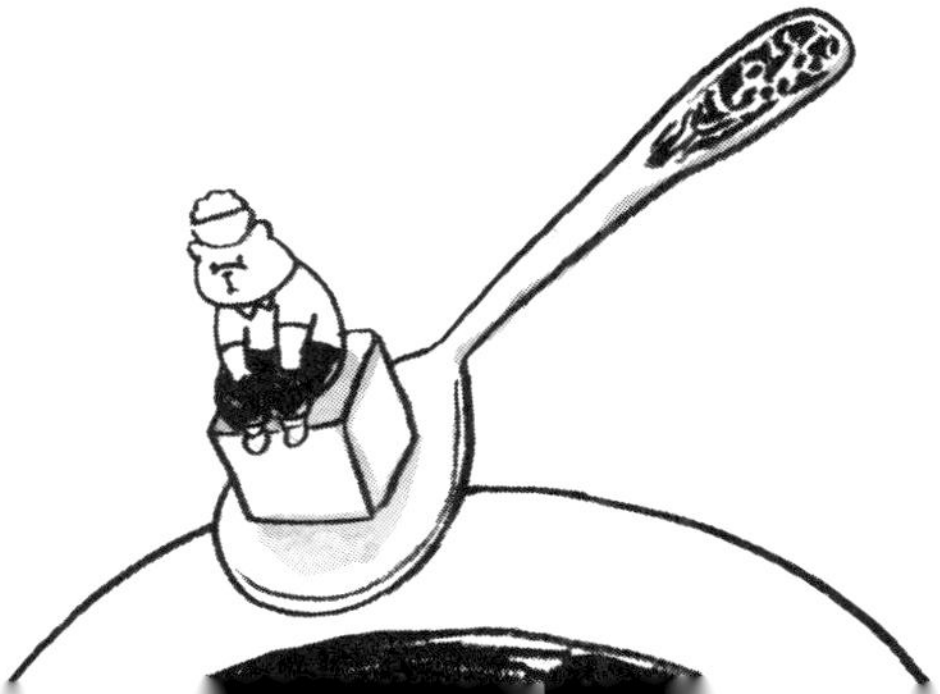

二つの「財閥」サムスン、ヒュンダイの売り上げはGDPの三十五%

あれ見て～これ見て～とはしゃぐ怪しい外国人三人組、次に某大手量販店を目指します。丸い緑の山手線真ん中通るは中央線……この店の中で流れる歌は、三十分聞いていると頭の中からなかなか離れません。いわゆる「洗脳ソング」です。楽しく洗脳されながら広い店内を歩いていると、ソニーとかパナソニックとか、いろんな会社から派遣された方たちが目につきます。韓国では見られない風景です。

韓国にも「ハイマート」という量販店がありますが、あまり元気がなく、ほとんどの家電は大企業の代理店（直営店）で買うことになります。家電だけでなく車も同じで、まるでコンビニみたいに、至る所に代理店があります。もちろんS社の代理店ではS社の製品しか売っていません。店は完全に企業に従属されていて、ノルマ達成などを強要されることも少なくありません。

とくに家電と車関連では、韓国の「店」は、財閥のいわば子分でしかありません。

韓国では、「財閥」と呼ばれる、彼ら大企業群の支配力が想像を超えています。

二〇一一年四月十日、毎日経済の報道によると、上位十大企業のGDP対比資産比率は七十六％に及びます。しかも、「上には上がある」と言いましょうか、これら大企業の間でも格差が凄《すさ》まじく、二〇一三年四月三日のニューシース、二〇一四年一月十三日の聯合ニュース、二〇一六年三月四日の朝鮮日報の関連記事からデータをまとめると、韓国の二つの財閥の売り上げがＧＤＰの三十五％を占めています。サムスングループ（二十三％）と、ヒュンダイグループ（十二％）です。

韓国の法人税収においての二十・六％、株式市場の時価総額においての三十六・五％がこの二つのグループによるものです。二つのグループの上場子会社は二十七社で、コスピ・コスダック（韓国の証券市場）の上場企業数で見ると、わずか一・六％に過ぎません。

このように、とんでもない影響力を持つ財閥が、コンビニのように全国に散らばった直営店まで持っているわけです。韓国内で彼らと戦うのは無理です。外国の家電・車関連企業が韓国に来ていくら頑張っても、勝ち目はないでしょう。

この揺るぎない支配構造が、韓国社会に「身分制度もどき」を創り出してしまいました。

国内の雇用には貢献せず「富益富・貧益貧」を深刻化させた財閥

ここまでお読みになって、ある矛盾にお気づきの方もおられるのではないでしょうか。

「先に、韓国は自営業者が多い国だと書いてあった。あんなに大きな企業が支配している国なら、その会社に就職したサラリーマンが多いはずなのに、どうしたのだろう」

その答えは、「雇用創出性」にあります。大企業……いや「超企業」たる財閥は、国内の雇用にはこれといった貢献をしていません。二〇一〇年基準で、資産規模五兆ウォン（約五千億円）以上の大企業が国内経済全体の売上高に占める割合は二十五・六％であるのに対し、従事者数の割合は六・九％にすぎません。

「落水効果」（trickle-down effect）と言って、「大企業（または富裕層）を支援する経済政策で彼らの利益が上がるようにすると、そのまま中小企業・中間階級にまで得になるし、それがそのままさらに小さな企業にも得になる」という理論があります。

別にそれを全否定するつもりはありませんが、李明博《イ・ミョンバク》前大統領の頃から強化された韓国の親企業政策は、財閥企業の急速な成長には繋がりましたが、下の人たちには、恵みの水を落としませんでした。一部の財閥だけが成長し、格差の拡大だけを残したのです。韓国でいう「富益富・貧益貧」（大金持ちはさらなる富を得、貧しいものはさらに貧しくなる）だけが深化したのです。

韓国は賃金の格差も大きく、低賃金雇用率（その国の賃金労働者全員を賃金の額順に一列に並べたとき、ちょうど真ん中に来る人の賃金の三分の二未満の賃金で雇用された人たちの比率）において、アメリカ、メキシコとともにOECDワースト3の常連です。

極論ですが、「超勝ち組」か、「負け組」かの選択しかないわけです。

財閥に設けられた「雇用世襲条項」

韓国の若い世代にとって、出世する道はひとつだけ。「支配する側」である財閥企業に就職することです。他には、これといって方法がありません。しかし、財閥企業に入れるのはほんのひと握りのエリートだけです。

しかも、財閥企業は経営陣はもちろんのこと、なんと勤労者にまで「世襲」が行われています。現代起亜自《ヒュンダイキア》、大宇造船海洋《デウ》、現代オイルバンク、LGU＋（エルジー・ユープラス）、現代製鉄、韓国GM、大韓航空の八社は、労使の団体協約に「定年退職者や長期勤続者の子女を優先採用する」という、いわば「雇用世襲条項」を設《もう》けています。

私が知っているかぎりだと初めて、二〇一六年にこの「世襲」について政府レベルの調査が行われ、同年三月二十九日の朝鮮日報がその結果を報道しました。その内容によると、なんと四分の一（二十五・一％）が世襲条項を持っているとのことです。

・雇用労働部が、昨年（二〇一五年）六月から、労働者百人以上で労働組合が存在する全国二千七百六十九カ所の事業場の団体協約実態を全数調査した結果を二十八日発表した
・調査の結果、六百九十四カ所（二十五・一％）が組合員の子どもの優先・特別採用を保証するために採用世襲条項を置いたことがわかった
・労働者千人以上の大規模事業場の場合、三十五・一％が団体協約に雇用世襲を明記して、百人以上〜三百人未満の事業場（二十・四％）よりも高い
・雇用労働部は、「雇用世襲条項は、雇用政策基本法の雇用機会均等保障規定に違反する明白な違法」「最近、青年失業率が通貨危機以来の高値である十二・五％に達する状況で青年たちの公正な競争を妨《さまた》げる雇用世襲条項などを改善し、労使関係の原則を正し、世代間の共生の雇用も促進する」と明らかにした

若い世代が絶望した「スプーン階級論」

この現実の中、若い世代は絶望し、「努力による身分上昇は無理だ」という、まるで昔の身分制度のような考え方をするようになりました。

一〜二年前から韓国で有名になった「スジョ（スプーン）階級論」というものがあります。

スプーン階級論とは、資産や年収などで人のランク付けをすることです。資産二十億ウォン（約二億円）／年収二億ウォン（約二千万円）以上が「金スプーン」で、資産十億ウォン（約一億円）／年収八千万ウォン（約八百万円）が「銀スプーン」、以下、「銅スプーン」（資産五億ウォン［約五千万円］／年収五千五百万ウォン［約五百五十万円］）、「土スプーン」（資産五千万ウォン［約五百万円］／年収二千万ウォン［約二百万円］未満）などがあります。

最初は誰かが単なる遊びで作っただけかもしれませんが、ネットの戯《ざ》れ言《ごと》から庶民たちの自虐《じぎゃく》、地上波の討論番組まで、広く扱われるようになりました。

二〇一五年十二月十八日、韓国では最高の名門大学であるソウル大学に在学中だった十九歳の青年が、自らの命を絶《た》ちました。彼の遺書には、「精神的な貴族になりたかったけど、生存を決めるのは（精神ではなく）スプーンの色だった」と書いてありました。

「精神的な貴族」とは、ドイツの社会学者マックス・ウェーバーが書いた『職業としての学問』（一九一九年）の表現で、「学問を磨く正しい姿勢」を意味します。ウェーバーは、学問を天職とする人が持つべき心得などを説《と》いています。

スプーン階級論の問題は、先天的に与えられた「経済的利権」（親の富）が人の階級を決めるものであり、次の世代の若い人たちがいくら頑張っても無駄だとしているところです。自殺した青年は、後天的な学問によっては何も変えられないと思ったのでしょう。いくら頑張っても、スプーンの色、すなわち「生まれ」による経済的格差には勝てないと判断し、その現実に絶望したのではないでしょうか。

ハンギョレ新聞の二〇一五年十一月二十六日の記事によると、「自分の努力で社会経済的地位が上昇できると考える国民がますます減って、今年は十人のうち二人にとどまることがわかった。所得・資産の不平等が深刻化し、もはや本人の努力や能力では下流階級から中流階級、上流階級に上っていくのが難しいと判断する国民が増えている」という現実、その中、最近の韓国の若い世代の間には、まるで昔の身分制度にも似た「変えられない現実」という絶望が漂《ただよ》っています。

その最大の原因が、この財閥問題です。

社会各方面で世襲をはじめ、「血縁」「地縁」「学縁」（親族関係、同じ地域の生まれ、同じ学校出身）などに頼らないと出世できない社会構造が深まり、それが「大金持ちの子に生まれるのが一番だ」という嘆きになり、スプーン階級論などという非建設的な考え方を産んだのでしょう。

なんでも人のせい、とくに一歩間違えると親への憎しみにもなってしまいそうなスプーン階級論に同調するつもりはまったくありません。しかし、彼らの苦しみがわからないわけでもありません。

先に書いた「ピカピカの食器がほしい」という話。その心理が一九七〇年代にはステンレス製の食器として、二〇一五年にはスプーン階級論のネット拡散として現れたのではないでしょうか。こうして、四十年以上も何も変わっていない。もう変わることは望めない。その実態にはなかなか反論できません。

そして、その主な原因が財閥問題であることは、疑いようがありません。変わらないというより、「(強すぎる既得権益を持った勢力が)変えさせない」、と言ったほうが合っている気もします。

ある社会問題に気づいて、他人と「共通した憤怒《ふんぬ》」を感じ、その問題を直そうとするのは立派なことです。でも、それはあくまで問題を解決し、社会全体をもっと建設的にしたいという「愛」があってこそのものです。

絶望し、もうどうにもならないと思い込んでしまうと、愛は憎しみに変わります。問題の解決ではなく、「私には手の届かない領域の人たちを全員引きずり下ろしたい」という、「間違った平等」を望むようになってしまいます。それこそ、共産主義の思う壺です。

韓国の若者たちが影響を受けている「左派思想」は、基本的に北朝鮮からのものです。そのせいか、彼らの言う共産主義の平等は、決して下のものを救済するための平等ではなく、皆で下になる歪《ゆが》みの平等だからです。韓国の若い世代は、そういう絶望を目の前にしているようで、心苦しい限りです。

二〇一七年、韓国では「左派思想」の強い文在寅《ムンジェイン》政権が誕生し、特に若い世代を中心に圧倒的な支持を得ています。韓国の左派思想は北朝鮮に対しても融和政策を優先しており、北朝鮮ミサイル問題においての日米との連帯を大いに邪魔しています。

まだ遅くないと信じたいところではありますが、若い世代の「絶望」が、よりによって国の安保の危機というこの時期に、左派政権の誕生を後押ししてしまったこと。それが韓国という国の舵《かじ》取りに、間違いを来《きた》していること。それは目をそらすことのできない現実です。

就業者の八十％がサラリーマンの国・日本

韓国にとって「店」など、所詮は財閥企業の支配構造の「下っ端」に存在するコマにすぎず、彼らに選択の権限などない……だから、日本の量販店で見られる、名高い大企業の人が「店」に来て仕事している姿は、私にはとても新鮮でした……そう書きたかっただけですが、また考えが複雑になってしまいました。

ちなみに、日本は「サラリーマンが多い国」です。日本の場合、就業者の八十％以上がサラリーマンで、自営業者は十％前後です。韓国の企業に比べると、日本の企業は雇用創出がうまくできているという意味でしょうか。

あれこれ考えたせいかまたお腹がすいて、テナント店のカフェに入ってカレートーストとコーヒーをいただきます。韓国でもコーヒー専門店が増えましたが、やはり日本のコーヒーのほうが濃く、店ごとに味にもバラエティーがあり、おいしいです。どう考えても食べ過ぎです。あばよダイエット、よろしくメタボ。

我ながらよく食べるものだなと感心しながら、韓国では、ネットの違法ファイル氾濫などですでに市場がほとんど機能しなくなったＢＤ・ＤＶＤのコーナーで映画三枚とアニメ一枚、ゲームコーナーで「ドラクエ」関連作品を購入し、量販店をあとにします。

店を出てからも「まるいみどりの～」と頭の中では歌が響きますが気にせず、そのまま道を渡って、組み立てPCメーカーの店で目当てのノートパソコンを購入しました。

日本の多種多様な「サブカルチャー」の成熟度

もうそろそろホテルに向かうべき時間ですが、目に入るだけでも、この街にはあまりにも多くの「異世界」があります。

何年か前、京都で会ったフランスの写真家さんが「日本に来ることはね、ウサギを追って穴の中に飛び込むことなんだ。次にどんなことが起きるかわからない。でもそれが素敵なことだとわかっているから、ただワクワクしながら歩きまわっていればいい」と（日本語で）言っていましたが、趣向は違えど、同じ気持ちです。

詳しくはないですが、何かのゲームに使うのでしょうか？　綺麗な絵が描かれたカードが数えられないほど展示されている店も、昔のロボット玩具を展示している店もあります。すぐ近くには最新技術で作られた精密なプラモや金属製の模型が、見事なプロポーションを誇っています。

韓国では想像もできない多種多様な「サブカルチャー」が、そこにあります。韓国でもこういう趣味を楽しむ人たちがいないわけではありませんが、まだまだ日本と比べることはできません。

どうでもいい話ですが、韓国では日本語の「オタク」の発音が韓国語の「お、徳厚」(オ・ドクーフ)に似ていることから、「徳が厚い」という言葉遊びも流行っています。日本のアニメの版権を正式に取得してネットで有料配信する会社がいくつかありますが、その中にはポイントの単位を「徳」とするところもあります。「お客様の保有ポイントは五百徳です」。

どうでしょう。徳があるかはともかく、どの社会、いつの時代でも、「趣味」も文化の一部であるかぎり、その領域には「主流」と「非主流」があります。めずらしい趣味を持った人に多少の偏見がつきまとうこともあるでしょう。それでも、基本的に、先進国と呼ばれる国々では、趣味の領域でもかなりの細分化が見られます。一つだけがパーッと売れる時代もあるけれど、いずれ「多種多様なものが少しずつ売れる」時代になるものです。

個人的に、「私はこの趣味が好きだ。でもこの趣味を嫌う人もいる」という配慮し合う心得さえしっかりしているなら、世の中にはいろんな趣味があるべきで、また尊重されるべきだと思っています。この街に来ると、とくにそう思います。

ですが、韓国の場合、そういう認識がまだまだ足りません。ホビーの領域だけでなく、もっと広い範囲の話になりますが、韓国にはいまだ「一民主義」の影響が残っています。

一民主義というのは、韓国最初の政府である李承晩政府の党是でした。当時の執権与党だった「大韓民国党」は一九四八年十月九日、「一つではない、二つ以上の総体的な存在はありえない」という謎の理屈を持ち出し、一民主義を党是として掲《かか》げました。

簡単に言うと、「一つになれば生き残れる。それ以外は死ぬ」という考え方が極端に現れたものです。

なぜ「一つ」しか認めないことが民主主義なのか?

この考え方は、当時の執権層の絶対的な支持を得ました。

二〇一五年八月三十一日の京郷新聞から当時の雰囲気を感じ取ることができます。

「独立軍リーダーの一人として知られている李範奭《イ・ボンソク》は、光復(解放)後の李承晩政権で初代総理兼国防長官を務めました。彼は一九四九年の演説でこう言っています。『今日の朝鮮は、ナチスのような政治体制でなければ、どうしても長くは持たない』。初代教育部長官安浩相《アン・ホサン》もまた、こう言いました。『我が国のような場合は、個人主義教育というのは、私たち全体を滅亡させるものであり、絶対に排斥しなければならない』

彼らが打ち出したものこそが、『一民主義』です。『集まれば生き、散らばれば死ぬ』。共産主義に対抗するためには国、全民族が一つに団結すべきだという話です。あまりにも単純で常識的な話で政策理念と呼ぶことも難しいというのが今の評価ですが、当時李範奭氏は、これについて『令名たる（著者注：有名で名誉高い）私たちの指導者李承晩大統領が彼の革命闘争を通じて体験した民族の復活と祖国の光復を見つけるための理論と実践の両面を体系化した哲理的民主原論』だと、安浩相氏も『大韓民国の国是であり、私たちの民族の指導原則』だと評価しました」

さて、不思議なことに、李承晩元大統領と支持者たちは、当時の各種演説などで、この「二つ以上はありえない」、すなわち「我々の意見以外の存在は認めない」という一民主義を、「これこそ民主主義だ」と主張していました。

なぜ「一つ」しか認めないことが民主主義なのか？

それは、韓国が共産主義（北朝鮮）に敵対しているからです。その対立に勝つためだから、民主主義だという理屈です。共産主義に敵対するから民主主義だとしながらも、実は民主主義を支える柱である「いろいろな意見」を封じるという、致命的な欠点がありました。だいたい、記事の安浩相氏はもともと有名なファシストです。そんな人を初代教育部長官（文部科学大臣）にしておいてよくもこんな主張ができたものですね。

民主主義は、結果としては多数の国民が支持する意見が認められますが、多数の意見で決めるという前提は、少数の意見の存在を認めるということです。尊重するか肯定するかは別にして、その存在は許します。しかも、多数で決めたことでも、あとの選挙でまた多数の意志で真逆の選択をすることもできます。「民」が「主」だからです。

そう考えると、一民主義は、なにかが根本的にズレていることがわかります。実際、李承晩大統領は自分に有利にするために憲法を弄《もてあそ》んだり不正選挙をしたりして、デモで追い出されました。

さすがに、いまになっては「一民主義」という言葉を知らない人のほうが多いでしょうし、李承晩氏に対しても評価が分かれるようになりましたが、この「他の人と異なる考えを許さない」社会風潮は、さほど変わっていません。

「異なる」を「間違っている」と断罪し敵視する社会

その後の軍事政権時代にも、国で「一般的」とされる以外の考え方は、そのまま「赤（共産主義者）」の考えとして踏みにじられ、社会の各分野において「一般的でない考え方を持ってはいけない」は、国民の間である種の処世術、保身術となり、韓国人の精神世界を「白くないのは黒い」と単純化させせました。

それから左派政権を経て、長らく抑えられていたリベラル思想が発言権を得たものの、その結果は、韓国社会は「保守」と「リベラル」（右派と左派）の思想対立が激しくなるだけでした。下手に意見を出すと「お前は敵側の人間か」と仲間外れにされる風潮はまだまだ残っています。

「異なる」と「間違っている」を同じものとし、敵視しています。とくに、反日のように「国是」になってしまった思想に「異論」を提起することは、韓国社会ではほぼ不可能です。

この一民主義の考え方が単純化させたのは、思想だけではありません。韓国人は、趣味やファッションなどに至るまで、とにかく「人と同じものでないといけない」と思っています。

チキン屋が売れると聞くと、誰もがチキン屋だけをやります。コーヒーショップが人気になると、街中がコーヒーショップだらけになります。冬になると、「韓国では誰もが登山服を着ている」ことが話題になります。もともとは雪山で遭難した時のためにデザインされた明るくてコントラストの高い色の登山服を、大勢の人が着ています。小学校では、人気ブランドの服の値段によって「階級」をつける遊びが流行ったりします。他のブランドを着ている子は、排除されます。

何かが流行ってメインになっても、それ以外のものが存在する。私が好きなものでも、それを嫌う人もいるし、私が嫌うものでも、それが好きな人がいる。どちらも、尊重されるべきであろう……そういう考えが定着できないでいることこそ、趣味から外交まで、韓国社会が先進国に入れないでいる大きな原因でもあります。

秋葉原中央通りから少し外れて、神田明神にも行ってみました。ちょうど見頃のサクラが迎えてくれます。姉は「綺麗《きれい》だね。わざわざ別の場所へ行かなくてもいいんじゃないの」と言いました。

綺麗に整備された神社。しかし、その一角に何か長〜い行列が見えました。何の騒《さわ》ぎだ？　と見てみたら、アニメの限定版グッズを売っていて、それを買うために並んでいる人たちだそうです。姪の話によると、アニメの登場人物の一人がこの神社でバイトしているという設定で、「聖地」扱いだとか何とか。なるほど、秋葉原らしいと思いました。列は神社を包囲（？）するほど長かったですが、ズルをする人は一人もいませんでした。

神社とアニメ、しかも女の子が歌って踊るアニメ。なんの共通点もないように見えますが、お互いが尊重し合っているように見えました。これなら、神様も許してくれるでしょう。

「中古品」が美しい日本、最悪詐欺だったりする韓国

そして、秋葉原関連ではこれが最後の話になりますが、私も姪もいつも驚かされるのが、「中古品の状態」です。

珍しいから中古でしか手に入らない物（プレミアム価格のもの）を言っているのではありません。普通に中古品を安く売っている店の商品でも、それはそれはとても綺麗で、いままで購入して後悔したことが一度もありません。

まさに日本の隠れた良さの一つです。

いまは3DSやPS4といった日本メーカーのゲーム機も韓国で正式発売されていますが、まだ日本のゲーム（当時のゲームは、ロムカートリッジからCD-ROMへの移行が始まったばかりでした）やゲーム機が個人輸入の形で販売されていた頃。日本に行っては大量に買ってきて、それを韓国で売る人たち、俗にいう「ボタリ（風呂敷）商人」たちが、あの時のゲーム供給源でした。

ただ、流通されている品の中には「コピー品」が多かったため、「正規品」はゲーマーの自慢の品でした。一部では「正規品が買いたいけどどこにも売ってないからコピー品を買うよ」という人も多かったようですが、プレイステーションやセガサターンの頃からは、ハードを改造しないとコピー品を使えなかったので、ただの言い訳だったと思います。違法コピーゲームを使う目的でわざわざゲーム機を「改造してくれる店」まで持って行って、改造してもらったわけですから。

でも、その正規品も、最新作以外のかなりの数が、業者が日本で買ってきた「中古」でした。状態があまりにも綺麗だったので、中古だと気づく人はそういませんでした。なにせ、韓国で中古というと、日本とは違います。本当にボロボロの状態か、何かのカラクリ（車の走行メーターをいじることが有名です）があるか、などなど……最悪、詐欺《さぎ》だったりします。

インターネットで買い物をしたらレンガやトイレットペーパーが届く!?

最近、韓国では、不景気の影響もあって、ネットで中古品を買う、または物々交換する人たちが増え、それを仲介するサイトも増えました。ですが、うまくいかないでいるようです。

二〇一六年三月十六日、ＫＢＳの報道です。

「インターネット上で買い物をしたのに、レンガやトイレットペーパーが配達される事件が絶えません。

このような被害を防ぐための安全決済サイト（著者注：安全な決済のためのシステムを供給するサイトで、韓国ではネットで買い物をするには多くの安全プログラムのインストールや頻繁なアップデートが必要です）もありますが、実際に利用する人は多くありません」

記事によると、中古販売サイト（買う、または物々交換）で粉ミルクを買った主婦に、トイレットペーパーが届いたとか。これ、実はそう珍しい事件でもありません。ニュースで、ネットで、同じ例をかなり目にしました。

二〇一六年五月八日には、インターネット中古品取引サイトで一カ月に百三十人以上に詐欺を行った十六歳と十七歳の高校生が逮捕される事件もありました。

記事によると、「安全決済システムを利用してみました。セキュリティープログラムのDL（ダウンロード）やインストールが何度も行われます。さらに決済がタイムアウトで、最初に戻ります。三十分経って、やっと買いものができました。販売者も、プログラムの仕組みとして、取引成立から五日が経過しないとお金をもらうことができないので、このプログラムを避けています」となっていて、詐欺販売を防ぐためのプログラムはちゃんと役に立っていないようです。

三十分はちょっとおおげさだと思います。ただ、この手の詐欺などを防止するためのプログラムは用意されていますが、使い方がとても不便です。中古取引以外にも、「プログラムを利用者のPCに（ほぼ毎回）DLインストールさせる」やりかたは韓国の数々のショッピングサイトに共通しています。しかも、種類が一つではありません（サイトや決済カードごとに異なる場合もある)。

私の経験だと、ブラウザーそのものが閉じたり、ブラウザーがフリーズしたりインターネットエクスプローラー以外には対応していなかったりして、電源を入れるところからやり直しさせられることも少なくありません。金融取引や(中古以外の)ショッピングサイトではこういうプログラムが必須になっていますが、これだけやっても数千万件規模の個人情報流出がありますし、その責任を取る企業もないため、悪い意味ですごいものです。

私も日本、アメリカの通販サイトでよく買物(国際通販)をしますが、簡単すぎて「え、もう決済できた?」と、内心驚いてしまいます。

そんなこんなで、韓国で「中古」というと、まずは詐欺またはそれに準ずる粗悪なものを疑う必要があります。しかし、日本で購入した中古商品はどれも満足のいく買い物でした。

今回もまた、古いゲームソフトの中古を安く買いました。すこし色褪《あ》せた部分はあるものの、綺麗で、店の人も親切でした。会計の時に「表紙の一部が色褪せています」と、ちゃんと説明も受けました。「これ中古ですよ」と言っても、今でも韓国では誰も信じてくれないでしょう。

韓国を象徴する「お金を投げる人」

ブログに「お金を投げる人」の話を書いたことがあります。

韓国のネットなどで「マナーのない行動」として騒がれる定番のネタです。投げるからといって遠くへ投げるという意味ではなく、会計の時、金をカウンターに「置く」や「（店員に）渡す」ではなく、少し距離をおいて投げるという意味です。

世界中どこでもこんなやり方を歓迎する国はないでしょうけれど、韓国ではとくに「物乞いに小銭を投げる」行動と同じにされ、人を見下す行為となっています。物乞いは小銭を入れる小さな箱（空き缶など）を置いているため、そこに小銭を「投げ入れる」ことになります。

最近この「お金を投げられる」経験談をネットにあげているのは、ほとんどがコンビニでバイトをしている人たちです。実際、決して「多くの」ではないものの、少なくない数の人たちが、会計の時にお金を投げるということで、動画が上がってきたこともあります。動画の中の女性は、本当に手裏剣《しゅりけん》のようにお金を投げていて、私もビックリしました。

この話を聞いて、私は一九九二年のロサンゼルス黒人暴動事件を思い出しました。

今でも韓国のマスコミは、ロサンゼルス黒人暴動事件は「白人と黒人の葛藤が主な原因だったのに、現地のマスコミが黒人と韓国人の葛藤だけを伝えたせいで韓国人たちが狙われてしまった」「アメリカ警察が白人の街だけを防御したせいでコリアタウンが狙われた」と主張しています。

ですが、当時、わたしは「コリアタウンの韓国人たちは、黒人にはお金を投げる」という話を聞いたことがあります。それを、かなり「自慢気」に語る人と、リアルで話したことがあります。

「お金を投げる」こと。韓国人の「上下関係に対する認識」を極端に表す行動でありましょう。そしてそれは、対象を変えながら、今でもなくなっていないのです。

余談ですが、日本では会計の時に皿（?）のようなものの上にお金を置きますね。韓国でもそういう皿はありますが、日本ほど使う人が多くはありません。ほとんどの場合は「手渡し」です。

そのため、この「お金を投げる」に関する内容をブログに書いたところ、日本の皆さんから「相手にも失礼だけど、お金に対しても失礼だ」という趣旨の反応（コメント）が多かったのは、実に興味深いことです。この件は韓国のネットでも多くのコメントによる舌戦が行われましたが、そういう内容はありませんでした。

お米の中には七人の神様が住んでおられるという話も聞きますが、それと同じ趣旨でありましょう。米は「食べるもの」を、お金は「物の取引」をそれぞれ象徴していると思います。その分、存在そのものが「さまざまな苦労の塊《かたまり》」。たとえ相手が生きていない存在でも、そこには大勢の人たちの苦労が含まれている、とても尊重されるべきものであると。生きていないものを大事にすること、人間以外の生き物を大事にすること、人間を大事にすること、自分自身を大事にすること。それらは全てが繋《つな》がっていると思います。「寿命」という縛《しば》りがあるかぎり、どうせ私たちの命は「一方通行」の側面を持っています。たとえ対象が生きていなくても、自分が生きているかぎり、そこでは命の、心のやり取りができます。そういう日本の伝統が、「中古品が綺麗」という形で現れているのではないでしょうか。

自民党が推進している改憲案によると、憲法前文に「良い伝統と国家を将来的に永遠に子孫に受け継がせる」という内容が含まれていると聞きます。

本当に良い伝統です。いつまでも受け継ぎ、受け継がせながら、細石《さざれいし》が巌《いわお》となり、苔を結すまで続いてほしいものです。

店中走り回り「栓抜き」を探してくれる日本のコンビニ

秋葉原の至る所にあるアニメやゲームのポスターを楽しみながら、秋葉原駅へ戻ります。ここもまた、すごい人混みですが、なぜかぶつかることはほとんどありません。さらばアキバ。安らかに眠れ、私の外貨たち。総武線に乗り、予約したホテルがある浅草橋へ向かいます。

今回、泊まるのは、浅草橋のビジネスホテルです。浅草橋は、花見を目当てにしている隅田公園と上野公園の両方にアクセスしやすいからです。今回はわざとモノレール＋ＪＲで来ましたが、羽田空港から乗り換えなしで行くこともできます。

……と、思ったものの、「駅から五分は実は十五分」という迷言もありますが、なかなかホテルが見つかりません。ネットで予約する時には都営地下鉄浅草線浅草橋駅の出口からすごく近いはずでしたが。

仕方なく交番の方に聞いてみましたが、交番の方も詳しい場所がわからなかったようです。しかし、そこで諦《あきら》めず、いろいろな書類（地図のようなもの）を棚から取り出して熱心に探してくれました。そして、「ああ、ありました」と。

その姿を見て、私はあるコンビニ店員を思い出しました。

姉は、日本旅行の思い出話の時には、ほぼ間違いなく「あのビョンタゲ（瓶の栓抜き）、大事に持ってるよ」と、あるコンビニでの出来事を話します。

三年前、あの時も姉・姪と一緒に日本に来ていました。東京ドームシティーにあるキャラグッズの店で、人気アニメのキャラが描かれた飲み物を何本か買いました。夜、それを飲みながらホテルで記念写真でも撮ろうかと思いましたが、栓抜きがありません。ホテルのカウンターに聞いてみても、瓶の栓抜きは用意してません、ごめんなさいとのこと。いや、ないのが普通でしょう。

そこで、「コンビニで栓抜きを売っているか、売ってないか」という実にくだらない論争が始まりました。姉は「売ってるだろう。あんなに品が多いんだから栓抜きもある」派、私は「ないない。さすがにそんなものは売ってない」派でした。姪はどうでもよい派。

あの時泊まっていたホテルから少し歩いて、秋葉原の某コンビニに入った私たち三人。お菓子と唐揚げ棒を買い、栓抜きを探したものの、見当たりません。そこで、私は何気なくコンビニの店員さんに「あの、栓抜きとかもありますか?」と聞きました。

すると、その店員さんはカウンターから出てきて、他のもう一人の店員と何かを話し合い、パソコンで（たぶん商品のデータを）チェックしながら、店中を探しまわりました。「少々お待ちください。たしか、ここらへんで見たことがあります」。

私も姉も、申し訳ない気持ちでいっぱいでした。他にもお客さんがいて、カウンターは他の店員一人でやっていました。ここまで迷惑をかけることになるとは思いもしませんでした。実際には十分弱の時間だったと思いますが、体感では一時間はかかったようでした。

そして、店員さんは「あ、ありました」と、かなり奥のほうから、瓶の栓抜きを探しだし、カウンターの方に走って戻りました。

そして、私たちが買った品と栓抜きをビニール袋に入れながら、「他に必要なものはないでしょうか」と、何気ない顔で言いました。

ありがとうございますと何度も挨拶して、店を出て、ホテルの入り口あたりまで戻って、姉は「やっぱりこのままじゃダメ。何か飲み物でも買ってお礼をしに先のコンビニに帰ろう」と言いました。私は、「栓抜きまであるコンビニの店員に飲み物なの？　逆に失礼になる。感謝の気持ちだけ抱《いだ》いておこう」と答えました。

その次の年のソル（旧暦の一月一日）に姉の家を訪れた時、姉は引き出しからその栓抜きを取り出して、「これ、覚えてる？」と微笑みながら、「私はね、あのようにガンバル人をずいぶん長い間、見てなかったよ。素晴らしいじゃない。若い人があんなに純粋に頑張ってくれると、きっとその国は何もかもうまくいくよ」と話しました。どうやら、姉の宝になったようです。

この年の旅行が終わったあとのことになりますが、姉は電話で旅の思い出を話しながら、また「あの栓抜きの店員さん、元気かな」と言っていました。

ホテルが見つからなくて困っていた私たちへの交番の方の対応は、あの店員さんと完全に重なるものでした。私たちにできることも、同じです。何度も礼を言い、感謝の気持ちを抱き、ホテルに向かいました。

弁当を袋に「立てて」入れる韓国のコンビニ

いい話のあとに書くのも何ですが、私が韓国でコンビニを利用する時にもっとも驚いた話もついでに触れておきたいと思います。

「ビニール袋に弁当を縦に入れる」店員です。縦に入れるという日本語が正しいかどうかわかりませんが……ビニール袋に弁当を「平《たいら》」になるように入れるのではなく、本を棚に入れる時みたいに「立てて」入れる、という意味です。

韓国と日本でコンビニを利用しながら経験した両国間の差は、他にもいろいろあります。でも、この「弁当の縦入れ」ほど致命的で衝撃的な差はありませんでした。

夜景写真などを撮るために車で動くと、夜になってお腹がすくことがあります。そんな時、近辺のコンビニに入って弁当を買ったりします。ここ二、三年で、三回か四回、それぞれ別の店で、この「弁当の縦入れ」を経験しました。もちろん、このままビニール袋を持ち上げると、中身がグチャグチャになります。

最初は、小さなビニール袋を使うためにそうしているのかな？　と思いましたが、「いや、そうじゃなくて、ちゃんと平になるように入れてください」と言うと、店員は「ああ……」と言いながら、そこそこ大きなビニール袋を用意してくれます。

ただ判断力が弱いだけなのか、それとも「どうせコンビニ弁当だからこれでいいだろう」ということなのか。その店員が何を考えていたかはわかりませんが、それを食べる人、「客」の立場から考えたことがあるなら、弁当の縦入れなどという蛮行《ばんこう》（？）はしなかったはずです。

とにかく、交番の方のおかげで、無事ホテルに着きました。曲がる角を間違えていただけで、ホテルは本当に駅の近くにありました。

「日本の宿」の代名詞と言えば「ビジネスホテル」

ビジネスホテル。実にワンダホーなインフラです。

「日本の宿」というと、外国の者としては、どうしても温泉宿を思い出すことになります。これは私だけではありません。いつだったか、韓国の慶州《キョンジュ》で「世界各国」をテーマにしたテディベア展を見たことがあります。各国の代表するイメージのテディベアたちが並んでいましたが、日本ブースにあるのは、相撲と温泉のジオラマでした。

たしかに日本の温泉宿は素晴らしいインフラです。初めて日本で訪れたのが箱根だったのも、温泉宿に泊まりたかったからです。そのあとも熱海と伊豆高原で温泉宿に泊まりましたが、両方とも素晴らしい体験ができました。

しかし、今の私には、「日本の宿」といえば、ビジネスホテルです。

一万円ちょっとの代金で朝ごはん付き、清潔で、スタッフは親切で、セキュリティも安心。ホテルによっては大浴場まで利用できます。こんなインフラは韓国にはありません。

この問題は韓国でも、とくに国際イベントを前後して、よく取り上げられます。たとえば二〇一四年十月三日の中央日報の記事は、「ソウルで宿泊できる施設は、高くて豪華な一流ホテルか、安くて古いモーテルか、両極化した状態」としながら、「外国人が好む適切な価格の清潔なホテルが非常に不足している」と指摘しています。

韓国のモーテルというのは、外から見ると日本で言う「ビジネスホテル」のように見えますし、そのままの役割を果たす施設もあります。しかし、残念ですが、ほとんどの場合は日本で言う「ラブホテル」の役割です。そんなところは、一人で泊まると、ほぼ間違いなくカウンターのおばさんから電話がかかってきます。「女は要《い》らないのかい？」と。

「宿泊施設＝売春施設」のイメージを持つ韓国人

そうした中、韓国の人々の間に「宿泊施設＝売春施設」というイメージができたのは、当然でありましょう。

同じく中央日報の記事は、こう伝えています。

「現行法によれば、学校の境界から二百メートル以内には学校環境衛生浄化委員会の審議を経なければ、宿泊施設の新築が不可能だ。教育環境を守ろうとする学校浄化委は、できるだけ新築案を否決させる。もちろん二百メートルの外に建てればいいだろう。しかし、それもまた問題がある。学校を中心に二百メートルの円を描くと、ホテルを建てる土地の余裕がない。道路、マンション、ビルが入っていたり、開発制限区域と指定されていたりする。韓国社会で、宿泊業は、長らく退廃や不倫との関連施設でしかなかった。ずっとそんな目で見られてきたからには、いくらビジネス級であってもホテルは教育の『敵』となるわけだ」

都心部にホテルを作ろうとしても、売春施設と疑われる。こういう環境が都心部のビジネス向けホテルの普及を邪魔しているのです。

もちろん、ちゃんとした観光ホテルもあります。しかし、価格は日本と変わらないか、もっと高い場合もあります。そこそこ良いところだと二万円はします。また、とても有名な観光地だけに集中しているのも問題です。だから、全体的に見ると、記事の指摘通り、「両極化」が深刻になるしかないわけです。

私は夜景写真が好きで、夜遅くに車で二～三時間かかる海辺まで出かけることもよくあります。二年前には、韓国で日の出が有名なある観光地に行きましたが、やはりモーテルしかなく、しかも施設が非衛生的で、ちゃんと眠ることができませんでした。

余談ですが、それでもモーテルをちゃんと運営するところがありますが、それよりもっと格下の宿として、旅館（または旅人宿）というのもあります。これらは狭く、立地もかなり怪しい裏通りなどにあり、大変非衛生的です。完全に売春を前提にしています。だから日本旅行が好きな私のような人は、日本の旅館を日本語発音のまま「リョカン」と言います。韓国の旅館（ヨグァン）と区別するためです。

ホテルには、いつもどおり、スタッフの方々の「いらっしゃいませ」という言葉が私を迎えてくれます。天気が曇っているからか、出入り口の近くには貸し出し用のビニール傘がありました。これもまた韓国では見たことがないサービスです。名前や住所など、宿泊に必要な幾つかの項目を記入し、スタッフの方にパスポートをお渡しします（ホテル側はコピーを取っておくことになっています）。すべてがスムーズに、そして規則通りに流れていく中、妙な安心感が私を包みます。

そして、今度は「行ってらっしゃいませ」という言葉に見送られながら、カメラカバンだけ肩にかけて、三人で上野公園に向かいます。

第四章

韓国人が買いたくても買えない「ニッポンブランド」と「日本の魂」

日本の木である「桜」を迫害した李承晩政権

いよいよ、桜を見に行く時間です。

総武線秋葉原経由、山手線上野へ。上野公園を目指します。上野公園には三回目の訪問、桜を見に来たのは二回目となります。何年か前にはホームレスが多かったですが、今回はひとりもいませんでした。人出はすごく、外国からの観光客も多かったですが、秩序はちゃんと守られており、ゴミ捨て場の容量がちょっと心配ではありましたが、道にゴミが散乱することもありませんでした。天気は曇りですが、とても快適な雰囲気です。

姉がカタコト日本語で「スバラシイ」とつぶやく中、姪は、韓国の桜より「花が大きく感じられる」と言っていました。本当に花が大きいわけではないと思いますが、枝に生えている桜の花の数が多く、また枝が太いため、韓国の桜に比べるとそう感じられたのでしょう。同じく、私も、上野公園に来るたびに、「木の幹が太い」（樹齢が高い）ことに感心します。これもまた、決して短期間でできあがるものではありません。

韓国にも、いろいろな所に桜並木がありますが、併合時代に植えた桜が生き残っている地域以外では、木がまだまだ幼いため、細く、遠くから見るとそれっぽく見えますが、近くに寄ってみるとたいした「美」を演出できません。

『韓国人による沈韓論』（扶桑社新書）という本で、韓国が桜の起源を主張していることに対し、「私は桜に関する童謡を知らない。韓国の春の花だったなら、学校で歌の一つは学んだはずだが」と書いたことがあります。実際、私が幼かった頃には、韓国で「春の花」の代表はゲナリとジンダレ（チョウセンレンギョウとツツジ）で、桜は、日本の花ということもあって、たいして愛されない花でした。

李承晩政府以来、各地の桜を切り倒すなど「迫害」してきた韓国で、各自治体がまた桜を植えるようになったのは、一九八〇年代後半になってからです。

一九九〇年五月十六日の東亜日報に載っている、ある高校の教頭先生による寄稿文を一つ紹介しましょう。〈ムグンファ江山に桜の満開は恥ずかしい〉というタイトルで、ムグンファ（ムクゲ）は韓国の国花、江山は「国土」の意味です。

「私たちは過去三十六年間日本人たちの下駄の音に主権と国土を全て奪われ、私たちの国花であるムグンファがなくなって愛国志士はもちろん全国民が悲しんだ。日本総督府はムグンファの山を破壊し、彼らの国花である桜を植えるようにした。光復のあとには、桜は日本の国花という理由で官公署の桜を全て切り捨てるようにしたこともある。それから、為政者たちは、桜は我が国で自生したもので日本の桜とは違うと言いながらまた桜を植えるようになり、観光名所には街路樹も花壇も桜になって屈辱的な過去を思いもしないでいる。種類が違うといえども桜には違いないし桜は日本の花だ」

このあと、寄稿文は、「街路に『私たちの花』を植えて民族の自尊心を取り戻そう」と主張していきます。

そして、まるでそういう意見に「対抗」でもするかのように、「桜は日本の花ではなく、実は韓国の花である」という主張が流行りました。実は韓国の「王桜」がソメイヨシノと同じもので、日本にはその自生地がない。でも韓国には済州島《チェジュド》に自生地がある。だから韓国こそが桜の起源で、桜は韓国の花だ、という理屈です。

「ソメイヨシノは韓国原産」のトンデモ論

ですが、いうまでもなく、これはデタラメです。

二〇一六年五月九日の産経新聞〈「ソメイヨシノは韓国原産」のトンデモ論を暴く……

それは「イタチがカナブンと交尾、サンマを産む」に等しい⁉〉というショッキングなタイトルの記事から引用しますと、ソメイヨシノはエドヒガン系の桜と日本固有種のオオシマザクラを交配させた品種で、江戸時代に誕生しました。それは一代限りの品種（ソメイヨシノの親がソメイヨシノの子を産むことはできない）で、増やす場合は接ぎ木を行うしかありません。すなわち「自生」という言葉が成立しません。

記事は韓国側の主張を「自然科学を完全無視した論だ」としています。

実際、韓国側の主張は、科学的にもダメですが、伝わるエピソードもまた、矛盾だらけです。この手の話として有名なのが、李承晩氏の美談（全然美談ではありませんが、韓国としては美談）です。

一九八九年四月二十六日の京郷新聞を見ると、李承晩氏の努力によって、戦時のアメリカで「桜は韓国のものだ」という主張を認めてもらったということになっています。

戦争によってアメリカ中が反日感情に燃え、（日本の花である）桜を憎んでいた頃にも、李承晩氏はアメリカの大学に「桜は韓国の花だ」として桜を植えながら、この（韓国の花である）桜が大きくなった頃には、韓国も独立しているといいなと願った。そんな李承晩氏のおかげでアメリカの人たちが「ああ、桜は韓国の花か」と理解し、ワシントンの桜並木道を破壊しなかった。韓国ではそういうことになっています。

しかし、これもまたあとになって適当に作られた話にすぎません。同じ京郷新聞、一九六三年四月二十四日の記事は、「毎年、多くの桜の木が枯れ木になってしまう」としながら、その大きな理由として、「李承晩大統領が桜を日本の国花だと憎み、十年間、桜の植樹予算を承認しなかったからだ」としています。

他にも、朝鮮戦争を前後して、李承晩氏が国中の桜を切り捨てたという話はよく目にします。本当に李承晩氏が桜を韓国の花だと思っていたなら、なぜここまで桜を憎んだのでしょうか。

では、日本が嫌い日本が嫌いと毎日のように騒いでいるこの韓国で、なぜ、また桜を植えるようになったのでしょうか？　しかも、このようなデタラメな学説やエピソードを広げながら。オリンピックなど外国人観光客対策だったという話もあるし、他に適切な街路樹が見つからなかったという話もありますし、純粋に桜が綺麗で好きだから植えたくなっただけかもしれません。

詳しい理由までは、確かめるすべはありません。ただ、この「桜は韓国起源」というダダコネは、韓国が「日本の真似をすればとりあえずなんとかなる」と思った結果かもしれません。

あるときは「憎み」、あるときは「憧れ」の対象となる日本

歯科医師は、一年に八点の「補修教育」を受けなければなりません。技術や学問などを補《おぎな》うために行う学術セミナーなどで、一時間に一点です。もちろん、ちゃんと参加せずに登録だけする人も多く、最近はチェックが厳しくなっています。

とりあえず開催されるセミナーがないと点数も取れないわけですから、歯科医師協会では定期的に人が集まりやすいところ（ソウル、大田《テジョン》、釜山《プサン》、大邱《テグ》など）で広い地域をカバーする大規模な学術講演会などを開きます。

よって、いつもとは別の地域のコミュニティー、知らない人たちと一緒に食事をすることもままあります。

すると、いろいろな会話が聞こえてきます。面識がある人たちはもっと自由に話し合っていますが、そうでない人たちが同じテーブルに座っている場合、不本意な話題の会話に参加することもあります。

前の講義や発表会に関する評価から、映画の話、車の話、ゴルフの話（私はゴルフはし

ませんが、なぜかゴルフの話題がいつも大人気です)、などなど。私はカメラの話をよくします。

その中には、もちろん政治の話もあります。私の感覚だと、歯科医師には、朴槿恵(パク・クネ)政権や大企業優待政策を支持する人たちが多いようです。積極的ではなく、どちらかというと「中道保守」という印象です。

ただ、それらの話、セミナー、映画、スポーツ、カメラ、政治社会経済、どの分野の話だろうと、「日本」を持ち出す人が多いのは、実に面白い現象です。

二〇一六年、とあるセミナーにて、セミナー後の夕食の時の話です。同じテーブルに座っていた人たち全員が、出てきた料理に不満がありました。なんというか、ホテルで提供される料理にしては、いろいろと手抜きな感じでした。

そこから適当に話が進んで、「この近くにマッチブ(美味しい店)はないか」という流れになりました。

そこで、なぜか「近くの美味しい店」を強調するために、「日本より美味しい」という体験談が何件も出てきました。日本に行っていろいろ食べてみたけど、たいして美味しくなかったというのです。そこから「韓国料理は日本料理より美味しい」と壮大な話になり、やがて「日本では天皇家だけにスプーンを使うことが許されてきた。だから料理のバリエーションが少ない」という、聞いたこともない超展開になりました。

こういう場合、「根拠」を聞くと、だいたいは同じパターンの答えが返ってきます。「その分野に有名な教授がいて、彼から聞いた」。韓国人が「～から聞いた」「～がそう言った」と話す場合は、ほとんどは反論を回避するための言い草となります。反論したり、詳しく聞こうとしても、「私が言ったわけじゃないから、私に聞くな」と返されます。あの日も、私はあえて何も問いませんでした。

しばらくして、やっとのことで「近くの美味しい店」の話に戻ったのですが、同じテーブルにいた女性が、「去年、□△にある店で麺料理を食べたけど、美味しかった」「その人、日本で店をやっていたそうだよ」と。

すると、不思議なことに、「その店に行ってみたい」「日本では食べ物を神聖視するから信用できそうだ」と、場が一気に親日モードになりました。日本には職人さんが多いから～とか、日本はそういう伝統を大事にするから～とか。

まるで魚のように、「日本」という餌《えさ》に釣られて右に動いたり左に動いたりする彼らの姿を見て、私は、「韓国人にとって『日本』とは、本当に便利なものだな」と思いました。

どうしても捻《ひね》り潰《つぶ》したい対象だったり、また憧れの対象だったり。

どうして韓国人は日本に対して、そのような「相反する」態度を示すのでしょうか。

「偽造品を買って何が悪い！」の裏側にある「相対的剝奪感」

話が飛び過ぎな感じもしますが、私は、それは「偽造品騒ぎ」に限りなく似ていると思います。

二〇一六年四月十九日、ニューシス（韓国のニュース通信社）の記事によると、OECDが「偽造品は五百二十八兆ウォン（著者注：約五十二兆八千万円）」規模に及び、世界経済の脅威になっている」というデータを発表しました。

この数値には、デジタルなもの（違法ダウンロード）は含まれていません。とくに大きな偽造品の被害（取引量からして）を受けている国家として、一位アメリカ、二位イタリア、三位フランス、四位スイス、そして五位が日本、六位がドイツでした。

私がこの記事を読んで驚いたのは、コメント欄です。

たいして人気のある記事ではなく、コメント数も少ないものの、そこに書いてある韓国ネットユーザーたちの意見は、「強大国の意見だけで記事を書くな」「お金のない人が偽造品を買って何が悪い」「偽造品を作る人たちの職場を作ってやったからこれはいいことだ」など、偽造品を擁護《ようご》するものばかりでした。もしやと思って、同じく偽造品被害を取材したいくつかの過去の記事をチェックしてみましたが、そこのコメントも、同じでした。

ネットの意見というのは、とんでもないものが平然と書いてあったりします。しかし、基本的には真逆の意見がぶつかりあうことが多く、「とんでもない」の逆として、一定数の「正論コメント」もつきまとうものです。

例の記事に関するコメントだと、「偽造品を使うのは良くない」という反応が一定数はあってもおかしくないものですが、そういうのは本当に不思議なほど少なく、ほんのひと握りだけでした。

しかも、「私はお金がないから偽造品を使うしかない。それのどこが悪い」という趣旨の意見が圧倒的な支持を得ていました。

どうしてこんな現象が現れるのでしょうか。

そこには、まるで「私はブランド品を使うのが当然だ」（でも買えないから偽造品を使う）という妙な心理がありました。

彼らが「偽《にせ》ブランド品を作るのは悪いことだ」ということを知らないでいるのでしょう

か？　それはないと思います。

本書のメインテーマから外れるのでそう長く書きたくはありませんが、韓国社会の支配層の人たちの間には、「私は上だ。下のものを奪《うば》う権利がある」という歪んだ特権意識があります。しかし、非支配層にもまた、「私は下だ。上のものを奪う権利がある」という認識があります。「私は悪くない。ほかの誰かのせいで上になれなかった」という考えを持っているためです。これを、韓国では「当然あるべきものを奪われた」という意味で「相対的剝奪感《はくだつ》」と言います。

相手が持っているものを私が持ってないのは、他人が買えるものを私が買えないのは、私に当然あるべき何かを奪われたからだ。だから私には奪う権利がある。それはやがて人の精神を大きく歪ませ、まるで自分が絶対的な被害者であるという悔《くや》しさを作り出します。

それを「恨」（ハン）と言います。

先にも書きましたが、最近の韓国では「生まれが恵まれた人間以外に、身分上昇は不可能だ」という風潮が高まっています。「スプーン階級論」「ヘル朝鮮」などなど。

彼らにとって偽造品は、まるで「仲間」です。私は高いブランド品をものにして当然の人間だ。でも他の誰かのせいでそれができなくなった。だから偽造品を使うのはせめてもの権利であろう。だから、無理をしてでも、それを作る人たちを、使う人たちを、「仲間意識」として擁護するわけです。

「ブランド品が買えないなら、ブランド品じゃなくても安くて良い製品を選んで買えばいいじゃないか」という考え方、ですか? そんなものは、最初からありません。「私は優秀だ。でも他の誰かのせいでこうなった」が基本ですから。

そんな考えを満足させられるのは、皆が平等になる世の中しかありません。ただ、自分で上がって「平等」になることではなく、「他の人たちも引きずり下ろして」皆が平等になる社会です。韓国よりほんの少し「北」のほうがそうなっています。

この心理は、「桜は韓国の花」をはじめとするさまざまな「韓国起源説」と同じです。

韓国は日本になりたくてもなれない

日本は、韓国人にとって、ある種の「ブランド」です。でも、「買えません」。

皆さんが手にしておられる本書のテーマもそうですが、似たように見えても、韓国は日本にはなれないでいます。なれなかったし、なれそうにありません。

だから、そのブランドの偽造品を作り、それを買って所有することを正当化します。偽造品で何が悪いと強弁します。

さらには「そんなの強大国の理屈でしかない」と、本物の悪口を叩くことで偽造品を美化、弁護します。もともと私たちがその「ブランド」の権利を持っていた。しかし不当に奪われてしまった。だから、私たちには奪う権利がある……また同じ話になりますね。

私たちは大国になれた。日本にその権利を奪われた……韓国の歴史観とそっくりです。日本というブランドをモデルにして、韓国という別のブランドを育てればそれでいいだけなのに、なぜかそうはしないところもまた、偽ブランド品騒《さわ》ぎとそっくりです。

ただひとつ、違うところがあるとすれば、偽ブランド品業者でも「こっちが本物です」とは言いません。韓国の場合「起源主張」などで本物であると主張していますから、偽造品騒ぎよりもたちが悪いですね。

しかし、「偽造品で何が悪い」は、言い換えれば、「本物が欲しい」の裏返しでしかありません。「それが欲しい」という気持ちから始まったものなのです。それが、韓国人にとって日本という「二重」の存在を作り出している。私はそう思っています。

桜の起源がどうとかの話もまた、産経新聞社の記事のように「科学的な」ことはどうでもいいのでしょう。結局は自分勝手な感情論と善悪論に基づいた、「欲しいけど買えない自分への言い訳」にすぎないわけです。

こうしたコンプレックスから自由になれる方法は、韓国が韓国というブランドになるしかありません。韓国ならではの姿を目指し、本当の自分の文化を大事にすることです。ただ、今の韓国には、それができないでいます。

日本の偽造品となり、それを「当然の権利だ」と強がっているだけ。四月になると韓国のマスコミがまるで義務のように乱発する「桜は韓国の花だ」という記事を見るたび、息が苦しくなるだけです。

姉も姪も、上野公園の桜には大喜びでした。意外と階段が多く、姉の足首がちょっと心配でしたが、問題なく一周できました。姉は、他にも「青シート」の人たちを不思議そうに見ていたので、私が「ああ、あれは先に来て場所を取っている人たち。たぶん、退社時間になると大勢の人たちが来るんだろうね」と適当に説明しました。「ああ、先兵たちね」「そうだよ。本陣はまだ来ていない」と、三人で大笑いしながら、上野駅のほうに戻ります。

桜以外では、国立博物館で「土偶展」を見たのは、上野での良い思い出になっています。何年か前に一人で来て、初めて国立博物館を訪れた時のことですが、すごいと思ったのは、土偶の「両足の一部が繋がっている」構造です。

これは、私が子どもの頃から大事にしている日本製の合体・変身ロボットの一部にも使われています。合体・変身するには内部が複雑な構造になるため、人型のロボットになった時に足が折れたりしないように、両足の膝の一部を繋げて、強度を確保する設計です。その土偶の腕（腕にはこんな構造がありませんでした）は折れていましたが、足は無事でした。やはり、基本設計の大事さと、その考えがあとの玩具《がんぐ》にも残っていることが、とても新鮮でした。

もう夕方です。

ホテル周辺で簡単に夕食をとり、私の部屋で今日あったことを三人であれこれ語り合い、早めに眠りにつきました。なぜか扉をちゃんと閉めていない（オートロックにならないように何かを扉に引っ掛けておいたようです）一部の部屋から聞こえてくる中国語が少し気になったものの、ホテルはとても快適で、フロントやスタッフの方々は一貫して丁寧で、親切でした。

国民に綺麗な水を提供する国、その国を信頼する国民

朝、朝ごはんの時間に遅くならないように起きて、用意してきたビタミン剤を飲みます。水は、普通に水道水をコップに入れ、飲みました。

韓国でも水道水は一応「飲める」ことにはなっていますが、誰も飲みません。なぜなら、信頼していないからです。

韓国の家庭には、ほぼ例外なく大きな浄水器が普及しています。日本では浄水器というと水道口に直接つけるタイプが人気のようですが、韓国のものは据《す》え置き型になります。水を貯めるタンクが付いていますし、韓国は日本のように湯を出すためのポットがほとんど普及しておらず、この浄水器は湯を出す機能も付いていますので、相応のサイズになります。食器洗浄器のように細いパイプで水道に繋《つな》げて使います。

東日本大震災の時には、韓国の一部のメディアが「韓国の浄水器は放射能まで浄水できる！」と自慢したりしましたが、現実は、そうでもありません。

二〇一三年五月二十四日のSBSの報道によると、ソウル市が百世帯をサンプルにこの浄水器（から出る水）を調べたところ、半分が「飲めない水」でした。百世帯のうち五十三世帯の浄水器が飲料水基準に不適合で、その中には基準値百倍以上のばい菌や、大腸菌が検出されたところもありました。記事によると、家庭用浄水器は飲み水管理法の水質検査対象から除外されているため、法改正を提案することにした……とのことです。どうやら、基準そのものがちゃんとしていないようです。

私は、ウンジンという会社の浄水器を長く使っていました。レンタルしたもので、定期的に人が来てフィルターを交換してくれるので安心していました。でも、たいして水が美味しいわけでもなく、水質基準などもちゃんとしていないようで、今は日本から買ってきたボトルタイプの浄水器（冷蔵庫に入れる形の一～二人用浄水ボトル）を使っています。

コップに水道水を注いで飲みながら、これは大きな恵みであると改めて感じました。日本で水道水をそのまま飲む人は、国民の三分の一とも二分の一とも言われています。これだけ大勢の人が水道水を飲むのは、何より水道水を信頼しているからにほかありません。

国民に綺麗な水を供給するという国の使命。国民が持つ国への信頼。どちらでも欠けていると、到底できないことです。

韓国の深刻な社会問題である「空気汚染」

水だけでなく、空気も同じです。

韓国よりずっと綺麗で、外を歩いてもストレスがありません。今回の日本旅行でも、三人でずいぶん歩きまわりましたが、なんの問題もありませんでした。今まで日本を旅行しながら、空気と水でがっかりしたことは一度もありません。

最近、韓国では空気汚染が深刻な社会問題となっています。

二〇一六年五月初旬の、夜のことです。家から少し離れた、大型スーパーに出かけました。ここで売っている日本製のステーキソースがなかなかいい感じで、たまに買いに行きます。歩いて三十~四十分の距離で、運動のつもりで、一週間に一~二回は歩いて買い物に行って来ます。

その日もイチニ・イチニと元気に歩いていたのですが、急に目が痛くなりました。最初は、ん？　目が痒《かゆ》いな……どうしたんだろう……と思っただけですが、スーパーに着いた頃（外に出て約三十分後）には明らかに痛み、涙がボロボロと……これはヤバイと思って、帰りはタクシーに乗りました。

私は、目がとても敏感なほうで、何かあると目が赤くなり、涙を流します。しかし、今までは、銭湯で洗ったあとに目が痛かったりと、基本的には「水」関連でした。室外で空気が悪いことで目がここまで痛むのは、私が記憶している限りでは、初めてでした。

もしやと思ってニュースをチェックしてみたら、「黄砂《こうさ》」や「微細粉塵《びさいふんじん》」(粒子状物質PM10のことで、韓国ではPM2・5は「超」微細粉塵と言います)などで、「週末には全国的に外出を控えるように」との注意報があったとのことです。ちゃんとチェックしなかった私も悪いなと思いました。

こういう問題だと、韓国では「全てが中国のせいだ」ということになりがちですが、実はそうでもありません。

「一般的に、私たちが影響を受けている微細粉塵は、中国の産業地帯から排出された汚染物質が流入したせいでもあるが、国内の軽油車・産業団地などから排出された各種の超微細粉塵が大きな原因であることが把握されている。高濃度の微細粉塵の時は六十~八十%は国外から入ってくるが、年間でみると、半分以上は国内の要因であることが明らかになった」(二〇一六年四月二十五日/世界日報)、とのことです。

もちろん、季節の影響もあり、五月あたりには中国からの影響を強く受けます。

韓国内での微細粉塵・超微細粉塵の発生については、工事現場でちゃんと粉塵対策をしていないことから、直火焼きの店からの煙に対してまで、さまざまな指摘が持ち上がっています。

とくにその中でもマスコミが集中的に叩いているのは、「火力発電所」と「老朽《ろうきゅう》軽油車」です。韓国の場合、電力の四十％を火力に頼っており、新しく四つの火力発電所を作ると発表しています（二〇一六年五月現在）。

韓国の「ディーゼル車」の割合は日本の三十倍以上

最近「フォルクスワーゲン問題」などで騒がしい軽油車（ディーゼル車）、とくにその中でも老朽軽油車両も、「主犯」とされています。

首都圏の窒素《ちっそ》酸化物の排出量の六十七・七％が輸送部門で発生し、その中でディーゼル車が七十六％を占めているからです（二〇一六年五月十六日／韓国経済）。

政府や自治体が「煤煙《ばいえん》低減装置」付きの義務化など努力をしているものの、「煤煙低減装置を取り付けると燃費が悪くなる」という理由で、無視されていて、逆に、二〇〇五年以前モデルの中古貨物車が人気を集めています（二〇一六年四月二十七日・五月十七日／JTBC）。

老朽と言っても、この場合は「基準が強化される前」（韓国では二〇〇五年）に作られた車を意味します。これらは、最新式のディーゼル車と比べても、微細粉塵や窒素酸化物を十〜十一倍以上も排出することが確認されています（二〇一五年三月三十一日／SBS）。

韓国は、ヨーロッパの一部の国を除くと、桁違《けたちが》いにディーゼル車の割合が高い国です。二〇一五年、韓国で新規登録された車は百八十三万台。そのうち九十六万台が軽油車でした。乗用車に限っても、ディーゼル乗用車（RV［レジャー用多目的車］を含む）販売比率は、アメリカ一・二％、日本一・七％、中国〇・四％に過ぎませんが、韓国は三十五・二％です（二〇一三年基準／韓国自動車産業協会公式データ）。

東亜日報は二〇一六年五月十九日の記事で、環境問題をまったく気にしない消費文化（排気ガス偽造の時にも韓国ではフォルクスワーゲンの販売が増えました）、電気使用量（GDP比でOECD国家平均の一・八倍）を取り上げ、「燃費が良くて原料価格も安い軽油車に乗り、電気も気軽に使いながら、空気も綺麗にしろというのは、さすがにできない相談ではないか」と指摘しています。

問題がどこの何であれ、夜の散歩が苦しくなってタクシーで帰ったのは、人生初の経験でした。何年か後には、歩いて外出することすらままならないのではないかと思うと、悲しいですね。

日本の環境に対する評価

では、日本の環境に対する評価は、どうなっているのでしょうか。

イエール・コロンビア両大学の共同研究チームが、百八十カ国の環境に関するさまざまなテスト結果をまとめて「ＥＰＩ」（Environmental Performance Index）という指数（環境パフォーマンス指数）を毎年発表しています。

その二〇一六年データによると、総合ポイントでは、韓国は八十位でした。アジアでもっとも順位が高いのはシンガポール（十六位）で、次が日本（三十九位）。

レポートの「空気の質」（Air Quality）という項目を詳しく見てみましょう。

「空気の質」総合で、日本は、百八十カ国中で百四位（七十七・六三点）。韓国は、百七十三位（四十五・五一点）でした。

「Air Pollution - Average Exposure to NO2」（NO_2：二酸化窒素の平均暴露濃度）項目では、日本が百七十二位（二十四・八七点）、韓国が百七十八位（〇点）。両国共に順位を下げる大きな理由になっていますが、このレポートを韓国で報道した聯合ニュース、二〇一六年五月十六日の記事によると、ここでいう〇点は「基準年度（一九九七年）と比較して、二酸化窒素を減らす努力が全然認められていない」という意味で、絶対値ではないとのことです。

「Air Pollution - Average Exposure to PM2.5」（超微粒状物質の平均暴露濃度）では、日本が九十五位（八十一・二六点）で、韓国が百七十四位（三十三・四六点）。ちなみに、最下位は中国で、なんと二・二六点だそうです。

「Household Air Quality」（家庭内の空気の質）では、日韓両国がともに一位です。空気清浄機などが普及しているからでしょうか（韓国では浄水器と同じく、レンタルの形で普及しています）。

「Air Pollution - PM2.5 Exceedance」（超微粒状物質の基準超過）では、日本が百三十三位（七十一・七三点）、韓国が百七十四位（二十・七六点）。

「環境による健康への影響」は日本が五十七位（八十二・一三点）、韓国が百三位（六十五・九三点)。

「水と衛生」では、日本は二つの項目（水の衛生、飲水の安全性）でともに百点で一位です。

このデータ「だけ」で考えた場合、日本は、「工業国」という特徴のある国にしては、アジア、いや世界的に見てもかなり健闘していると見ていいでしょう。ただ、まだ「上には上がある」気持ちで、さらに良くしていくだろうと期待しています。

個人的に、日本の場合は、震災の影響で火力発電を増やしていますから、原発の再稼働などが進むと、さらに改善できるのではないかと思います。

「そこでしか手に入らないもの」がある日本の商店街

簡単にホテルで朝ごはんを取り、ゆっくり出かけます。姉も姪も、ホテルが気に入ったようで、何よりです。今日は、また秋葉原で乗り換え、日暮里《にっぽり》に向かいます。ホームセンターやデパートもいいですが、日本の商店街を姉や姪に見せたかったからです。

韓国にも商店街と呼ばれるものはありますし、見た目も日本と似ていますが、実はたいして安くもないしサービスがいいわけでもありません。なにより、「そこでしか手に入らない」ものがありません。

日本の商店街は、一時より元気がないとはいえ、いろいろ楽しいものを見つけることができます。その中でも日暮里駅近くの「谷中《やなか》銀座」は、私のお気に入りです。私と姉はメンチカツを、姪はクリームコロッケを食べながら、あれこれ見て回ります。姉はメンチカツが初めてで、「これ、なに？　牛肉？」と驚きました。

昔の韓国（高麗、朝鮮など）の料理には、「揚《あ》げる」ものがありませんでした。食べ物を揚げるほどの油と火力を確保するのが難しかったからです。そのため、揚げ物料理は、すべてが併合時代になって半島に入ってきました。

私が子どもだった頃には、韓国でも揚げ物を「デムプラ／デンプラ」（天ぷら）と呼ぶ人が多くいました。トンカツが韓国で有名になったのも一九八〇年代になってからで、「反日思想」による反感を避けるために、当時のトンカツは「洋食」扱いでした。

今でも韓国では「トンカツ」というと「洋食屋の人気メニュー」で、注文するとちゃんとスープから出てきて、フォークとナイフで食べる」ものだと思う人が多くいます。普通に箸《はし》で食べる和食としてのトンカツが入ってきたのは、つい数年前のことです。

韓国ではトンカツ以外には「～カツ」料理は種類も少なく、味も微妙です。どちらかというと、固すぎます。揚げすぎるからです。羽田空港には、カウンター席からコックさんの料理する姿が見えるトンカツ店があります。

初めて見た時、あまりにも短い間だけ揚げるので、「え、これだけ？」と驚きました。でも韓国で食べたものとは比べ物にならないほど美味しかったです。

商店街で小さな「～カツ」を売っていることも、それをソースも付けずに手で持って食べることも、食べやすく揚げているのも、牛肉のカツがあるのも（韓国にはメンチカツはありません）、姉には斬新《ざんしん》だったようです。姪は店の前に貼ってある有名人の写真などを見ながら喜んでいました。

そこでしか手に入らない「名物」。

韓国でもやたらと「名物」とか「元祖」（オリジナル）などの表記が多いですが、本物を見つけるのは困難です。何か人気があると噂になれば、誰もが「うちが元祖です」と主張しながら、同じものばかり作って売り出すからです。

メンチカツだけでなく、ここの食べ物はどれも美味しく、画一的ではありません。姪は、

「どこのカフェも雰囲気がよく、インテリアも似たり寄ったりしていない」と、バラエティーがあるのは食べ物だけではないと言っていました。

いろいろ回ってみましたが、姉がとくに喜んだのは、箸でした。「あの箸、この店で買ったよ」と言ったら、姉は箸を「爆買い」しました。「あの箸」とは何年か前にここで買った木の箸で、それを姉にプレゼントしたことがあります。どうも、それが大ヒットだったようです。日本の箸の優秀さは、ラーメンなど麺料理を食べてみるとすぐにわかりますから。姉は、知り合いの人たちにプレゼントすると言っていました。

最近は韓国でも木の箸を買うことはできますが、よく「滑《すべ》る」し、使い勝手がよいとはいえません。

「墓地」が街中にもある日本、「恨みの場所」である韓国

何年か前、ネットで日本の桜の名所を調べていたら、「○○霊園」がいくつもヒットし、「あれ?」と思ったことがあります。ネットの掲示板で知り合った日本の方に「霊園で花見してもいいんですか?」と聞いてみたら、「マナーを守れば別にいいのでは」という返事が。

日暮里駅近くの谷中霊園では桜が綺麗に咲いており、もちろん上野公園のように飲んではしゃぐ人はいませんでしたが、大勢の人たちが霊園で桜の写真を撮ったり、笑顔できれいだねーと話し合ったりしていました。その顔は、とても楽しそうに見えました。

そういえば、電車などで街並みを見ていると、日本では霊園が街の中にあり、その風景はとても不思議でした。もちろん、施設の「あり方」にもよるでしょう。ゲゲゲのなんとやらのような雰囲気で、見ているだけで何かがついて（憑《つ》いて？）きそうな雰囲気の墓地と、綺麗な桜が咲いていてちゃんと管理されている霊園を同列に語ることはできないでしょうし、昔にできた施設と同じものを「今、街のど真ん中に」作るとすると、反対世論もあるでしょう。そんなことは理解しています。

でも、韓国の場合、霊園（韓国では一般的に墓園、または公園墓地と言います）が街の近くにあるのも、そこで花見をしながら「楽しい顔」をすることも、想像もできません。韓国人の「人生観」では、死んだ人が残すものは基本的に「恨み」や「悔しさ」です。死者が望むのは、その恨みを誰か（多くの場合は自分の子ども）が晴らしてくれることです。

だから、墓地は「恨みの場所」です。それは、ずっと昔からそうでした。

最近の公園墓地は綺麗《きれい》な木や花で整備されていますが、それを見て「楽しい」と思う人はいません。私の親の墓も、韓国でもっとも大きいと言われる、ある公園墓地にあります。もっとも近い街から車で一時間以上走ったところにあります。

年に二〜三回訪れ、花（とくに母は花が大好きでした）を供《そな》え、写真を撮ってきます。一緒に来られなかった家族にメールで送って、安心させるためです。ですが、二年前、同じく墓の写真を撮っていたら、知らないおじさんから「墓の写真なんか撮るんじゃない」と言われたことがあります。

それは初耳で、墓の写真を撮るのはいけないとする風習が韓国または一部の地域にあるのかどうかは、自分でもわかりません。ただ、写真には霊が写るとか、または「宿る」とか、そんな話ならありますね。真剣に受け取る人はそういないと思いますが。そのおじさんにとって、墓とはそんなにコワイもので、できる限り遠ざけたい何かのイメージだったのでしょうか。管理系の人以外は、墓参りに来る人しかいません。彼は自分の家族の墓に対しても同じことを思っているのでしょうか。

「日本人は唯物論者。仕方ないと諦める」

二〇一六年四月二十二日の朝鮮日報に、〈どうしようもない日本〉というコラム記事が載りました。コラムは、当時韓国でも大きなニュースになっていた熊本地域での震災のことで、被災者たちが「廃墟の中でも、誰かを恨む声は聞こえなかった」と紹介しながら、秩序・礼儀を賞賛しています。

「(ひとりならともかく、) 十人、百人以上の集団が災難や事故の前で品格を失わないことは、実に驚くべきことだ。二〇一一年東日本大震災に対処する日本人の姿を見た早稲田大学の外国人教授は「仏のようだ」と話した。今回もそうだ。これは美談ではなく、『神話』レベルである。羨《うらや》ましいことだ。成熟した市民意識というのはこういうことだ。他の先進国の人々も日本人の態度には驚くという」

ですが、日本を褒《ほ》めたまま終わってはいけないという歪んだ愛国心でも発動したのか、記事はその理由を「日本人は唯物論者《ゆいぶつろんしゃ》だからだ。仕方ないと諦めるからだ」としています。

以下、ざっくりまとめてみます。

・昔から日本人は天災が多くて「どうしようもない」と思うようになった
・剣を持った人たちに支配されてきた封建制度以降の日本では、死後の世界より今現在を

重要にしてきた

・いわば、日本人は環境が作った唯物論者だといえる。仕方ないと諦める。品格ある被害者の姿には虚無《きょむ》主義も含まれている

・日本が自民党を支持しているのも集団的に無気力で、集団的に大勢を認めるからだ

・韓国人は人災が多いため、世の中に変えられないことはないと思っている。韓国人は「(死んだ人を)生き返らせろ」という。こんなことを言う文化圏は他にはない

・韓国人には、日本人にはない活力がある。「不可逆的」なものなど、韓国人にはない

私はこのコラムを読んで、まっさきに「どうしようもないと思って他力本願の歴史を歩いたのは朝鮮半島のほうではないだろうか」と思いました。

しかも、よく考えてみると、記事は同じ月に行われた韓国の総選挙で野党側が勝利したことを取り上げ、「自民党ばかり応援する日本とは違う」としていますが、実は、朝鮮日報こそ韓国でもっとも保守寄り、右派寄りとされる新聞で、いつもは与党を支持する新聞です。

韓国では「ジョジュンドン」と言って、「ジョ(朝鮮日報)・ジュン(中央日報)・ドン

（東亜日報）は保守派新聞だ」という言葉もあります。そんな新聞が、なんでこんな時だけ野党支持を褒めるのでしょうかね。

最後の部分は、明らかに「慰安婦合意」のキーポイントとなる「不可逆的に解決されたこととする」を皮肉ったものでありましょう。韓国では、ほとんどの人たちが「まだ終わっていない」と思っています。「もう合意したから仕方ない」ではなく、「できないことなどない。合意したけどあとで破ればいい」と思っているからです。

さまざまなツッコミポイントはともかく、なぜ熊本の話が政治や慰安婦の話になるのか、まずはそこから謎です。これが韓国最大の全国紙の水準……少なくとも日本という存在に対する「水準」だと思うと、心の空気もまた悪くなりそうです。

熊本の人たちの反応は、「唯物論的」なもので、「虚無主義的」なものなのでしょうか。私は、それは違うと思います。

人は生まれた時点で、「信仰」を持っているのでしょうか。持っているというか、求めているというか。それは誰にもわかりません。生まれたばかりの赤ちゃんに聞いてみるしかありませんね。「かみをしんじまちゅか？」と。答えてくれるはずはありませんが。

私は、「信仰と呼べるほどではないが、それとよく似た何かを持っているのではないか」

と思っています。

でも、「宗教」は違います。宗教を持ったまま生まれる人はいません。宗教とか教義とかは、明らかに人が生まれた「あと」に接するものです。

時を遡《さかのぼ》ってまた遡って、宗教という言葉すらまだなかった時代では、その地域の人たちに共通した「世界観」、または「価値観」が、そのまま宗教のように機能していた可能性は大いにあると思います。それが彼らの「信仰に近い何か」だったのでしょう。

となると、今では「宗教」という名で別カテゴリーになっていますが、昔から繋がってきた価値観、世界観という名の「信仰」は、姿形を変えることはあれど、決して消滅したりはしません。ある集団に共通しているそのような世界観、価値観の成立過程は、古い信仰心と切り離して考えることができません。それは、どこの国も同じでしょう。

今になっても社会の一般的な、それこそ宗教より広い範囲の、道徳や礼節などの実生活での行動や考え方に強い影響を及ぼしていることでしょう。

艱難《かんなん》辛苦にあっても「貴し」が受け継がれる日本の魂

私が日本で学んだことのひとつに、「尊重」があります。

「和をもって貴《とうと》しとなす」とも言いますが、「貴し」を持って訪れることで「和（貴し）」で迎えられることでしょう。私が相手に尊さを持っていかないなら、相手が私に尊さをくれるはずはありません。

それはいつからか、「尊重できないところには行くな。どうしても行かなければならないなら、その場所を尊重するふりでもしろ」という、私の持論になりました。

二〇〇六年のことです。二回目の日本旅行でした。あの時の私にはまだ基督《キリスト》教信仰が残っていて、どうしても神社を訪れることに抵抗感がありました。

キリスト教には「新教」（プロテスタント）と「旧教」（カトリック）があります。

韓国では、前者を「基督教」、後者を「天主教」と言います。私は十数年間、その基督教の信者でした。唯一神宗教は、もともと、「何かの儀式と思われる行為」（祈りなど）を自分の宗教の神以外の存在に捧げることを禁止しています。しかし、その点、天主教に比べても基督教のこだわりは特筆もので、「他の宗教施設は邪悪なもの」「先祖への祭祀も禁止する」など、とてもキツイ規則を説いています。だから、「たとえ観光でも、他の宗教施設を訪れること自体」を思わしくないものだとしています。それらは神のフリをしている悪魔にすぎないからだ、という理屈です。そのため韓国の基督教信者たちは、他の宗教施設の中で「イエスを信じなさい」と伝道することを何より素晴らしいことだと思っています。悪魔を見にきた人たちに神を教えることになるからです。他の国のプロテスタント信仰とはかなりズレています。

すでに二十年前のことですが、私の体験談を記します。私は、韓国の基督教が「日本人に仏壇や神棚を捨てさせる」ことを宣教の目標にしていることを知っています。

ある大きな教会で礼拝が終わった後、視聴覚室でのことです。教会の牧師が二十～三十代の信徒たちを呼び集め、あるビデオを上映します。それは、いくつかの教会が連合した宣教チームの人たちが、「日本人に宣教した結果報告」という題でした。

彼らは、日本で、一人暮らしの日本人のおばあさんに宣教し、基督教徒にしました。そして、「おばあさんが主イエスを迎えた証拠」と言いながら、おばあさん自ら、数十年間大事にしてきた神棚（仏壇だったかもしれませんが、詳しくは思い出せません）をたき火に入れるようにし、それを燃やす姿を撮影したものでした。彼らは、その姿を撮影し、視聴覚教育に使っていたのです。牧師は誇らしげに「目標達成にまた一歩近づいた」と言っていました。

私はドン引きして、その教会には顔を出さなくなりました。思えば、あの時、基督教をやめるべきでした。でも、私が完全に基督教信仰を捨てたのは、もっといろいろあってからのことで、その教えと縁を切るまでは、意外なほど時間がかかりました。いや、縁を切ってからも、「他の神がいるところを訪れてもいいのか」「別にイエスが嫌いなわけではないのに、彼に失礼ではないだろうか」という戸惑《とまど》いは、確実に私の中に残っていました。洗脳とは恐ろしいものですね。

私の悩みは、「信仰ではなく尊重を持っていけばいい」という考えに帰結しました。それなら、誰にも失礼にならないでしょう。

二〇〇六年、私は当時の韓国で小泉総理の参拝で大きな問題になっていた靖国神社を訪れ、「いろいろ申し訳ございません」という気持ちを捧げました。

神社にやっと参拝するようになったのは、二〇一六年の初頭に伊豆高原の某神社を訪れてからです。

今でも私はどこを訪れようと、できる限り「尊重」を示すことにしています。とくに神社は宗教施設ですから、尊重するのは当たり前です。ただ、尊重と言っても大それたことができるわけではありません。手を洗う（手水《ちょうず》）手順とか、参拝の手順とか（実際に参拝したことは一度しかありませんが）、絵馬やおみくじはどういうものなのか、写真を撮ってもいいのか、浅い知識でも前もって身につけておくことしかできません。あとは、境内でゴミでも見つけたら拾うことですね。

二〇一六年一月中旬頃に神社でのマナーなどをネットで調べていたら、「鳥居の真ん中を通らない」というのがありました。もちろん神社の流派によって違うかもしれませんが、どうして真ん中を通るべきでないかというと、我々が通るところではないからだそうです。鳥居がある場所から神様の領域ですし、その道は神の領域に通じる参道。その中央は「正中《せいちゅう》」といい、神様が通る道で、私たち人間の道ではないというのです。

「中央は私たちが通る道ではない」。私は、ある写真を思い出しました。

二〇一一年三月十二日。あの大震災の翌日の産経新聞には、「地震多発国で東日本大震災への関心が高い中国では十二日、非常事態にもかかわらず日本人は『冷静で礼儀正しい』と絶賛する声がインターネットの書き込みなどに相次いでいる。短文投稿サイト『ツイッター』の中国版『微博《ウェイボー》』では、ビルの中で足止めされた通勤客が階段で、通行の妨《さまた》げにならないよう両脇に座り、中央に通路を確保している写真が十一日夜、投稿された」という記事が載っていました。

その写真とは、新橋駅で足止めされている人たちが、他の通行客の邪魔にならないように、階段の中央部を空《あ》けたまま、両脇側に並んで座っている写真でした。

中央部を空けておく。そこは私が通るところではない。神のために空けておくことと、他人のために空けておくこと。神って誰？　他人って誰のこと？　それはわかりませんが、「私が通るところではない」だけで両者には妙な共通点がありました。

他にも当時の日本の皆さんの秩序正しい姿に驚きを隠せない海外マスコミの記事はいくらでもありますが、その中でも私が紹介したいのは、同じく産経新聞二〇一一年三月十三日付に載っている、ロシアの独立系紙ノーバヤ・ガゼータ（電子版）の記事です。そこには、こう書いてありました。

「日本には、最も困難な試練に立ち向かうことを可能にする『人間の連帯』が今も存在している」

人間の連帯とは、もしかしたら「和」に対するロシア語としての（紙面の字数なども考慮しての）表現なのでしょうか。いつも思うのですが、その「和」には神様も含まれるのでしょうか。それとも、和が範囲内の全ての意味で、それが「八百万《やおよろず》」（全てという意味も持つ）なのでしょうか。

宗教は社会の役に立つために認められるもので、実生活で現れる社会マナーと、精神世界での信仰（またはそれに準ずる何か）が共通する価値観を現しているなら、それは、唯物論でも虚無主義でもありません。それこそが良い意味での宗教国家であり、良い意味での「行動が伴う信仰」でありましょう（「信仰も、〈人助けと〉同じで、実際の行いを伴わなければ、意味のないものである」新約聖書ヤコブの手紙2－17）。

日本は、それらが受け継がれている国だと思います。

熊本の方々をはじめ、日本人が苦しい中でも礼儀正しさを失わないのは、それらが受け継がれている証拠であり、被災地の方々にとっては、現実との戦いの形でもあります。それを唯物論だの虚無主義だのと言うのは、大きな間違いでしかないでしょう。

韓国人の宗教観

二〇一四年、韓国ギャラップ調査研究所が成人男女千五百人を対象に調べた結果によると、韓国人の宗教分布は仏教二十二%、基督教（キリスト教・新教）二十一%、天主教（キリスト教・旧教）七%、その他〇%、無教（無宗教）五十%でした。

あれ？　儒教は？　と思われるかもしれませんが、韓国人の中で「うちの宗教は儒教です」と答える人はほとんどいません。二〇〇四年の統計庁の全世帯調査でも、全国で十六万人しかいませんでした。

「日本人　宗教」でネット検索してみると、日本の場合も、アンケートなどに「無宗教です」と答える人が多いようです。韓国と同じく、五十％前後の人たちが無宗教だとするデータがあります。

ただ、無宗教の方々、五十％の人たちが、「宗教」を持っていないからといって、果たして「信仰」を持っていないのか？　というと、違います。「無宗教者」と「無神論者」が違うのと同じです。

宗教や信仰などの言葉が大げさで抵抗感がある方なら、「世界観」でも「価値観」でも「見方」でも、全然構いません。そういう世界観でできた社会の雰囲気の中を、とても自然に、それが当然だと思いながら、抵抗感なしに生きているのかどうか。それが当然だと思う、すなわち「信じて仰《あお》ぐ」考え方も立派な「信仰」になります。難しく考えることは何もありません。

強いてたとえるなら、「お天道様が見ている」や「ひと粒のお米の中には七人の神様がいる」とか、そういう考え方のことです。

社会の礼儀が信仰から来た「だけ」ではないでしょうが、それらは強い影響を与え合いながら、巡《めぐ》り巡って、今の私たちがその世界観、価値観の中を生きているわけです。「こうすべきだ」と信じながら。

宗教が果たすべき社会的機能を、すでに古い信仰から受け継がれてきた価値観が社会の各分野にできており、それらが補完し合っていること。これはとても素敵なことです。無宗教が多いというより、宗教の必要性が低くなっているとも言えましょう。

ここだけの話、たぶん、外国人の観点からだと、日本人のほとんどは「神道」（またはその影響を受けた仏教）の信者に見えるでしょう。韓国人も同じです。「儒教なんか信じませんよ」という人たちが、一年に一〜二回は食べ物を用意して親の墓を訪れます。外国人から見ると、彼らは儒教信者に見えるでしょう。

では、韓国人の無宗教の人たちも、「宗教でなくても古き信仰を受け継いだ」のか。日本と韓国で無宗教の数値が同じ五十％でも、外国人の目には信者に見えても、その中身はまったく異なります。

まず、韓国にはそう古くから存在する宗教がありません。「民俗信仰」はありますが、韓国人特有の「お金で福が買える」という変わった考えのせいもあり、神を喜ばせる基準が捧げる金額（見料《けんりょう》）によって決まります。当然ですが詐欺の被害も多く、今では「ものすごく怪《あや》しい人たち」のイメージしかありません。とても宗教として数えられるものではありません。

「民族宗教」を名乗る団体もありますが、それらは併合時代を前後して「反日民族主義団体」としてできあがったものでしかありません。五千年の歴史があると主張しているものの、何の検証もされていません。

儒教がもたらした韓国人の「超物質主義」

今の韓国人に、なんだかんだともっとも強く影響を及ぼしているのは、「儒教」です。「無宗教」と答えた五十％の人たちもまた、「儒教を信じている」とアンケートに答える人はほとんどいなくても、儒教思想が強く残っている社会の中を生きてきました。

ただ、ご存じですか。儒教が強調するのは「天下万物には上下がある」ことです。それは神聖なもので、逆らえません。ひょっとすると、いま韓国社会を支配している歪んだ上下関係は、韓国人が「宗教だとは思っていないが、それで当然だと信じること」、すなわち自然にできあがった信仰、価値観、または世界観の形かもしれません。

韓国の儒教は、「物質主義」と繋がっています。死後にも現在の世の中に魂《たましい》は留《とど》まると信じています。死後の世界など、韓国の儒教ではただの「終わり」であり、息子が祠堂《しどう》でも作ってくれない限り、この世を彷徨《さまよ》うしかありません。

二〇一一年に朝鮮日報が連載したシリーズ記事〈韓国人よ、幸せになれ〉（二〇一一年一月一日）によると、「韓国人は、財物に対する果てしない執着に悩んでいる。『お金と幸せは関係ない』と答えた韓国人は七・二％に過ぎなかった。お金を基準にすると韓国人より劣悪であると（韓国人が）評価しているインドネシア国民の四十四・二％、ベトナム国民の二十・八％が『幸せはお金と関係ない』と答えた」「韓国人の物質主義価値観は本当に強い。イングルハートの『世界価値観調査』によると、韓国人の物質主義は、アメリカ人の三倍、日本人の二倍に達する」となっています。

韓国で「無宗教」と答えた人たちも、ある意味では「宗教は必要ない」と思っているのかもしれません。古くから当然だと信じてきたことが、上下関係や物質主義に向かってしまったからには、慈悲とか愛とか、配慮とか……今時の宗教の教えなど、邪魔でしかないからです。

風になびく谷中霊園の桜を見ながら、そういうことを考えてみました。

……と、ここまでは良かったものの、トラブルが発生しました。さすがに歩きすぎたのか、姉は歩くのが遅く、妙にバランスを崩《くず》しているし、本人は言いませんが、姉の足首がどうも思わしくないご様子。私も何も言わず、「駅に戻るのは面白くないから」と、タクシーに乗ることにしました。本当は根津《ねづ》でタイヤキを食べる予定でしたが、また今度にします（これ以後はタクシーで動き、次の日に温泉に浸《つ》かったこともあって、姉の足首は大事には至りませんでした）。

大げさなクラクション、報復運転……韓国の攻撃的な「運転マナー」

ここで、韓国と日本の「運転マナー」の違いを少し書いておきたいと思います。日本で運転をしたことがないので詳しい比較はできませんが、タクシーに乗っているだけでも、韓国と違う点がいくつか見えてきます。

まず、日本は横断歩道の「人が歩く」信号がとても長いです。横浜の桜木町《さくらぎちょう》だったと記憶しています。姉が「歩く信号が長くて、助かる」と言っていました。韓国が短いのか、日本が長いのかはわかりませんね。

歩道もそうですが、車道の路面の凹凸《おうとつ》が少ないです。多くの車が走る車道ですから、ある程度はわかりますが、韓国の道路はまだまだ「いくらなんでもひどい」としか思えないところがあります。去年韓国で流行語のようになった「ピットポール」（道路が部分的に陥没《かんぼつ》してできた穴）騒ぎもそうでしたが、補修をしたらしたでまた問題です。明らかな段差を残しますから。

これも日本に行ってきた韓国人なら誰もが認めることですが、クラクションを鳴らす車が少ないです。とくにバスのクラクションは、大きな差があります。韓国では、観光バスやトラックなどのクラクションは、基本的に改造されていて、遠くにいる人でも無意識に振り向くほど大きく、刺激的な音を鳴らします。

日本の場合、そんな「攻撃に近いクラクション」を聞いたことはありませんし、乗用車もほとんどクラクションを使いません。

日本人の方々と、待ち合わせがあった時の話です。タクシーに乗って、東京の某所に向かっていました。店は、家庭的な雰囲気で、ちょっとわかりづらい場所にありました。ただ、そこまで車が入るには、多くの店がある通りを縫うように走らなければいけませんでした。私が驚いたのは、その約二十分の間、運転の方がクラクションを一度も鳴らさなかったことです。

クラクションを鳴らすべき場面がなかったわけではありません。その方は、「備える。でも少し待つ」態度を貫《つらぬ》いていました。タクシーの速度を落とし、クラクションに手のひらを置いていつでも鳴らせるようにしていましたが、歩行者や周りの車に少しずつ先を譲《ゆず》りながら、実際鳴らすことはなかったわけです。

些細《ささい》なマナー違反を見過ごすことができず、相手の車への乱暴運転、さらには人が降りて相手の車を破壊したりする激しい攻撃行為。いわゆる「報復運転」が、韓国では社会問題になっています。タクシーを降りながら、私はこう思いました。「報復運転を根絶する方法がわかった」。もちろん、方法がわかったところで、それを皆に実践してもらう術は全然思いつきませんでしたが。

次に、これは今回の旅の経験ではありませんが、明るすぎるランプや、ヘッドライトを上げる「ハイビーム」（韓国では上向灯といいます）の車が少ないことです。

先にも述べましたが私は夜景写真が好きです。そして、日本はまさに夜景の宝庫です。大都会であればわざわざタクシーに乗ることは少ないですが、地方都市で泊まることになると、夜に夜景スポットまでの往復にはタクシーに乗るしかありません。また、場合によっては現地の方にしかわからない意外な撮影スポットを教えてもらうこともできます。そういう時、「明らかに上向灯のまま走行する車が韓国より少ない」と感じます。

韓国では、ヘッドライトを上向きにしたままで走る車が多すぎます。韓国でも、夜景写真だのなんだのと、夜に地方道路を運転することが多いので、よくわかります。ハイビーム自体が悪いのではありません。というか、絶対必要なものでしょう。問題は、対向車線から車が来ても、自分の車線の前に他の車があっても、ハイビームを維持する人が多すぎます。

また、違法「ＨＩＤ」（High Intensity Discharge・高輝度放電式）ランプも脅威《きょうい》となります。

二〇一三年一月四日の東亜日報の記事によると、「韓国の道路は『光の戦争』中だ。相手運転者（対向車線の車の人）の視界を考慮せずに上向灯のまま疾走《しっそう》したり、違法ＨＩＤランプをつけてスピードを出しすぎるドライバーが多すぎる。これは人の目の前に懐中電灯を照らすのと同じで、相手の視力を一時的に奪い、大事故を巻き起こす恐れがある。利己的なドライバーは、ヘッドライトを上向きのまま走るのが日常的なのだ」と。

ＨＩＤライトはとても明るいため、交通安全管理公団に車の構造変更を申し込んで、「オートレベリング補助装置」とセットで設置しないといけません。オートレベリングは、ライトが上向きにならないようにするための装置です。車が上り坂を走る時、または後ろ座席に人が座ったり荷物を置いたりした時に、ライトが上向きになって対向車線の車の視野を邪魔しないように自動で照射角を調整してくれます。でも、違法改造ならそんなことをしなくてもすぐに付けることができます。正規品の十分の一の価格で済みます。

外国人を狙った「ボッタクリ価格」がない日本

日本のタクシー関連でもっとも素晴らしいのは、日本は外国人を狙《ねら》った「ボッタクリ価格」などがないことです。どこの店にも安心して入ることができ、タクシーにも安心して乗れます。これこそ日本の最大最強の長所でありましょう。

何かを評価する際、優れているかどうか、良いか悪いか、どう決めるかは人それぞれ、基準が違うかもしれません。しかし、この「安心できる」ことだけは、万人に共通する高評価の基準でありましょう。

とくにタクシーの親切さも、本当に安心そのものです。いままで日本でタクシーに乗って、不快な思いをしたことは一度もありません。富士宮《ふじのみや》でも、神戸でも、熱海でも、伊豆高原でも、京都でも、タクシーのおかげで旅が一層楽しくなりました。どれも、良い思い出ばかりです。

その一例ですが……新宿の某ホテルに、某怪獣王（の頭）の夜景写真を撮るために泊まった時のことです。大事にしているカメラを、なんと朝ごはんの食事処に置いてきたまま、タクシーに乗ってしまいました。朝ごはんがとてもジャパニーズな感じだったので、写真を撮り、そのままテーブルに置き忘れてしまったのです。

幸い、空港に着く前に気づき、事情を話したところ、タクシーのドライバーさんは車を止め、ホテルに電話をかけ（私はローミングをかけていなかったので、電話ができませんでした）、ホテル側に事情を伝え、急いでカメラを確保しておくようにと話してくれました。

そのままホテルの食堂に戻り、「すみません。先の忘れ物の電話の件ですが」と言ったら、店の方は「お忘れになったものはどんなものでしょうか。また、お名前をお聞きします」と（本当にカメラを置き忘れた人かどうかの）簡単な確認を経て、笑顔でカメラを渡してくれました。ドライバーの方もまた、「よかったですね、本当によかった」と、笑顔で喜んでくれました。

喧嘩にならない「浅草神社」と「浅草寺」

ホテルに戻り、姉には「夜桜まで時間はたっぷりある。とりあえず一時間休んで」と話しておきました。私は買ったお土産など荷物を整理しましたが、姪はその時間にテレビを見ていたそうです。

そういえば、姪は、私に比べると、テレビ番組も積極的にチェックするほうです。日本で週末に泊まることになると、ニュースからアニメまで、熱心にチェックします。某海賊王候補生アニメの主人公と、その声を担当されている方が大好きだそうです。

この日は、「やはり、ニュースがとても落ち着いている」と言っていました。韓国では、ニュース進行者が感情的になることが多いです。安倍総理が靖国神社に参拝した時には、アナウンサーがそれを批判しながら熱くなり過ぎて、ニュースを見ていた私は「倒れるんじゃないの、この人」と思ったりしました。なにせ、明らかに顔色がおかしかったので。

姪もかなり日本語ができますので、その差がわかったのでしょう。日本のニュースは、ただ顔の表情だけでなく、語調というか、そういうものが一貫しており、直前の番組（何かのバラエティー番組だったようです）との感情表現の幅がありすぎて印象的だったと。

私は姪の話を聞いて、「それでも、日本でもまたマスコミが中立的でないと叩かれたりするんだけどね」と思いましたが、詳しくは話しませんでした。

韓国人は「ニュースだからもっと熱くなれ」と、ニュース番組に何かの代弁者になってくれることを、日本人は「ニュースだからもっと冷静に」と、もっと落ち着いて伝えることを、ニュース（いや、マスコミというべきか？）に求めているのでしょうか。


姉に足は大丈夫かと再確認し、「足、ダメだったらイエス様呼べよ」「ごめん。電話番号知らないし」と冗談を交わしながら、浅草のほうへ向かいます。

ここでの目当ては、隅田《すみだ》公園の夜桜です。

地下鉄駅からすごい人混みだったものの、これといって苦しいほどではなく、まずは浅《せん》草寺《そうじ》と仲見世《なかみせ》通りを回ってみます。ここはとくに外国人観光客が多く、その人気を実感できました。

姉は浅草寺のことを「神社」と呼んでいました。無理もありません。韓国の寺は中国の寺と似ているため、デザインや彩《いろど》りが日本の寺とは大いに違います。

一般的な韓国人は、日本の「寺」と「神社」を区別できません。見た目だけでなく、神社にも仏像や位牌《いはい》があると思っていたりします。「あれが神社（浅草神社）で、こちらは寺（浅草寺）だよ」と言ったら、姉は「喧嘩《けんか》にならない？」と笑いました。

姉は基督教信者ですから……韓国では教会が増え過ぎて、同じ基督教の教会の間でも「信者の取り合い」が起きています。ひどい場合はまるで「客引き」のようになっていて、「あなたがいま通っている教会はマズイよ」と誹謗《ひぼう》を吹き込む人も少なくありません。姉もまた、顔は笑っていても、神社と寺が仲良く並んでいる姿を羨《うらや》ましいと思ったのではないでしょうか。

韓国人には「創業百年」も無意味……「高所得の職業」以外は「負け犬の職業」

まだ夜桜を見るには明るかったので、早めに夕食を取ることにしました。さすがにあれこれ食べたあとだったので、簡単なものにしました。

食事を終えて川辺のほうに歩きながら、姪が「店は古いけど、中は綺麗で、料理も美味しかったです」と話しました。

私は「そうだね。古いのと汚いのは意味が違うから。韓国では、それが同じ意味になっている気もするけど……インフラというのは管理が大事だし、どう使うかの問題だね。この周辺には五十～六十年以上続いた店がいくつもある、というか、日本ではそんな店はいくらでもある。あの辺にある店は、二百年続いた老舗だよ」と話すと、姉も姪も驚きを隠せませんでした。

韓国には、「一生、それだけして食え」という言葉があります。もう少し一般的な表現に書き換えると、「生涯その仕事を続けろ」になります。何かの褒め言葉、または激励の言葉にも聞こえますが、実は相手に対する「ヨク」（辱。低俗な悪口）の一種です。

同じ職業を生涯続けろというのが、なぜ悪口になるのか？　これは、韓国人が持つ「職業観」と、その「上下関係」へのこだわりを見せています。

よほど偉いとされる、「人より上」とされるいくつかの職業……たとえば、韓国人が「社会支配層」と呼ぶ職業である政治家、大企業の高位幹部、医師や弁護士など高所得とされる職業。そんなものでもない限り、韓国人には「負け犬の職業」でしかないのです。

彼らにとって職業を変えることは「身分上昇」であり、同じ仕事をずっと続けることは、負けを認めることでしかなかったのです。だから、「ずっとその仕事だけ続けろ」が、ひどい意味を持つようになったのです。

二〇一六年四月二十五日、ＷＯＷ ＫＯＲＥＡというネットメディアのコラムによると、ある韓国人が日本で創業百年のソバ屋を見て、次のように話したそうです。

「韓国では食堂で成功したら、子どもたちに最高の教育を受けさせてエリートにさせようとするだろう。『ウチの店は継がないでいいから、医者や大学教授をめざせ』と子どもたちにハッパをかけるのが当たり前。それなのに、あの店は代々の子孫がずっと継いでソバ屋を開いているという。韓国の人が（創業百年という）あの看板を見れば、『あの店は百年も頭がいい子どもが出なかったのか』と思ってしまうだろう」

韓国では、今でも「勤続期間」の短さが問題になっています。

二〇一二年九月二十八日、各マスコミが報道した国会予算政策処の「高齢化が勤続と年功賃金体系に及ぼす影響と示唆点」という報告書の内容によると、経済活動人口調査に現れた「韓国労働者の平均勤続期間」は五年でした。一年未満の「超短期勤続者」が占める割合も三十七・一％、十年以上の「長期勤続者」の割合は十七・四％。彼らは身分上昇を夢見ているのかもしれませんが、社会の各分野において、勤続期間の短さは「技術が熟練しない」という問題を残す結果となりました。

皮肉なことに、この「生涯その仕事ばかり続けろ」という悪口の表現が韓国社会から消えたのは、「ＩＭＦ事態」（一九九七年、韓国は財政破綻して経済主権をＩＭＦ（国際通貨基金」に預けました）のおかげです。

あまりにも大量失業が続いたため、「同じ仕事を続ける」ことすらも難しくなったからです。

少しずつ、周りが暗くなりました。ほんの少し、夕陽の赤き色が隅田川《すみだ》の上を通り過ぎた後、空の灰色は濃くなり、人の作りし灯火《ともしび》の輝きを目立たせます。綺麗に見えるスカイツリー、韓国でも人気の「アサヒビール」のビル、揺らぐ屋形船《やかた》。

日本ならではの美しい光景が広がります。川の周辺には大勢の人たちが集まって、夜桜を楽しんでいました。

「綺麗」「こんな世界があったなんてね」……姪も姉も満足気味です。そこそこ歩いたあと、「ここで引き返そうか」と言ったら、姉は「もっと行ってみよう」と言いだしました。姪が心配そうに「足、大丈夫？」と聞いてみても、「大丈夫。もっと見てみたい」と。

私たちは、難しい話はせず、だからといって桜の話をするわけでもなく、まるで何か縛《しば》られていたものから解放された人のように、いろいろなことを話し合いながら、隅田川に静かに揺らぐ桜の間を歩きました。桜橋まで歩き、さらに川の向こう側（スカイツリーがあるほう）にまで歩きました。

　周りから聞こえてくる皆さんの笑い声は、楽しそうでした。姉は、こう言っていました。「知ってる？　笑いにはね、楽しくない笑いもある」。姉は、昔、夜遅くまでやっている和食店で働いた時に、それに気づいたと言います。夜桜の下から聞こえてくる隅田川の皆さんの笑い声に、「上手く言えないけど、とても楽しそう。久しぶりに聞いた」と言っていました。

　ここもゴミ捨て場は多くのゴミが捨てられギリギリで限界でしたが、見苦しく投げ捨てられたゴミはほとんどなく、酒を飲む人、食べ歩きをする人、写真を撮る（三脚を使う）人、皆が皆で守るべきマナーをちゃんと守っていました。こういうのを「普通」と呼べる社会。実に羨ましいものです。

　姉と姪は、とくに屋形船に興味津々《しんしん》でした。そういえば、前にレインボーブリッジ周辺で見た時にも綺麗だと言っていました。まだまだ未定ですが、次は三人で乗ってみようと思います。

　帰りに、とある店で、姉と姪に和菓子と服をプレゼントしました。予定になかったことですが、もう明日は帰るのかと、姪が残念がっているのが顔に出ていたからです。

湯船のそばに悪臭を放つ「小便器」がある韓国の温泉

次の日、帰国の日ではありますが、午後遅くの便ですので、時間があります。二日間かなり歩きましたし、目当ては温泉に浸かることです。

ちょっと早起きして、さっそくチェックアウト。ホテルの方々に感謝の意を伝え、羽田空港に向かいます。先に荷物を預け、そのまま京急線で横浜に、そして桜木町まで進みます。

「この前、新橋からゆりかもめに乗ったことあるよね。日本で初めて鉄道ができたのが、新橋―横浜の間だよ。ここの駅が昔は横浜駅だった」と浅い知識で説明しながら、みなとみらいの街並みを歩きます。本当は姪にラーメン博物館も見せてやりたかったですが、人が多すぎで、残念ながらまた今度。さっそく温泉に入ります。

さて、銭湯や温泉施設において、日本と韓国の差を述べてみましょうか。

以下「銭湯」と書きますが、別記がないのは「温泉かスーパー銭湯」のことだと思ってください。韓国にもたくさんの銭湯があります。ですが、「あるにはあり」ますけど、これもまた実際に利用してみると、日本とはずいぶんと差があります。

私は日本旅行のたびに、少なくとも一回は銭湯を訪れます。驚くほど大きな施設にも行ってみましたし、古くて小さな町の銭湯にネット情報だけを頼って訪れたりもします。

感想は、ご飯の話と同じです。「湯」そのもののできについてああだこうだと述べるほどの知識は私にはありませんが、今まで訪れた日本の湯には「湯が綺麗だ」という共通点がありました。もうこれだけで満足です。韓国の湯は、「濁《にご》って」いることが多いからです。

私がこの件をブログに書いた時、日本の皆さんからは「濁っている」という表現を誤解し、「濁り湯は体にいいですよ」というコメントもいくつかありました。私も仙石原《せんごくはら》で濁り湯に浸かったことがあるので、その良さはわかります。でも、北朝鮮が他の国を脅す時によく使う言葉を借りると「無慈悲に」遺憾《いかん》ですが、韓国には、濁り湯はありません（地域によって土色の湯はあります）。

ここでいう「湯が濁っている」は、汚れて湯が透明ではなくなったという意味です。湯に浸かって足を伸ばすと、足の先が、霧《きり》でもかかったように霞《かす》んで見えます。

一言で、日本では、温泉が「休む」（癒《い》やす）ところとして認識されていると思いますが、韓国では、ただ「汚いものを洗い落とす場所」としか認識されていません。強く洗い落とす「テミリ」（韓国式アカスリ）が韓国で一般的になったのは、単に気候の影響だけではなく、こういう認識の結果でもあります。

この認識を現わす極端的な例として、「小便器」があります。

韓国の、少し古い銭湯の場合、ほとんどは洗い場に立ちションベン用の小便器がついています。いかにも自然な感じで、隅っこにポツンと設置してあります。去年、韓国の有名観光地にある財閥系ホテルの温泉にも小便器があって、びっくりしました。

これはこれで綺麗に管理できるならいいですが、残念ながら、ほとんどの銭湯ではそうではありません。用を済ませてから、ちゃんと洗わないで湯に入る人も少なくありません。便器の周辺は、気持ち悪い色になっていて、悪臭がします。ちゃんと「狙《ねら》って」用を足さないからです。

銭湯にそんなものがあっては、気になるではないか。よく見えるところにあるとなおさらだ。たぶんあなたはそう思うでしょう。でも韓国では違います。これが認識の差というものです。

汚いものを洗い落とす場に便器があって、そこに汚いものを排出して何か問題でもあるのか？　そういうことです。同じく、銭湯の床にツバを吐いたり、鼻をかんでそのまま捨てたりする人も大勢います。どうしても我慢できなかったなら、適当に水で流してくれるといいですが、それすらもしない人が多いです。

とくにご老体の場合、湯から出る直前に、頭、顔、人によっては下腹部周辺の毛などを、パシャパシャと洗い出します。そして、その直後に湯から出ます。「もうこの湯には用がない」と思ったのでしょうか。

石鹸にはいつも髪の毛がたくさん付いています。

韓国の銭湯には固形の石鹸が置いてあります。これを頭に直接付けて髪の毛を洗うからです。でも、誰も何も言いません。どうせ汚いものを洗い落とすだけだから、これでいいだろう、そう思っているのでしょう。余談ですが、日本で私が入った温泉施設にも一カ所だけ、固形の石鹸を置く温泉がありました。しかし、その温泉の石鹸には髪の毛など付いていませんでした。

静かにするという意識もありません。声が響くから静かにしてほしいものですが、響いてよく聞き取れないからこそ、もっと大きな声で話します。洗い場まで携帯を持ってきて通話する人もいます。

そんな人たちが次々と湯に浸かるわけですから、湯が汚れるのも当然でしょう。

韓国人にとって湯は「汚いものを洗い流す場所」

もちろん、湯が汚れるのは客側のせい「だけ」でもありません。

併合時代に日本式の温泉旅館ができてから、いまでもその名前が温泉地名となっている、蔚珍《ウルチン》のB温泉。ここは、韓国では珍しく（ここしかないという話も聞きましたが、確認が取れていません）、加熱をしていない温泉でもあります。その温泉地のある古いホテルに訪れたことがあります。実際、韓国の温泉としてはかなり良い湯でした。

しばらく浸かってから、何か飲もうかなと思って湯船から出た直後のことです。店の人が洗い場に入り、掃除道具を取り出し、それをそのまま湯にチャポンと入れて（道具に水を付けて）、その道具で床の一角を掃除し始めました。人が入る湯に、何の躊躇《ためら》いもなく掃除道具を入れるとは、呆《あき》れたものです。

「人が入る湯にそんなものを入れないでください」と言ったら、相手はさすがに「あ、すみません」とは答えましたが、湯に何かの措置《そち》を取ったりはしませんでした。措置をとるどころか、私がなんで怒っているのかすら、彼は理解していないようでした。

利用する人も提供する人も、こう思っているのでしょう。「汚いものを洗い落とすところだから、それ以上綺麗な必要はないだろう」。これでは、向上しないのも頷《うなず》けます。「設備」のほうも考えてみましょう。湯を綺麗に管理するには、どうすればいいでしょうか。

単純に考えると、古い湯が湯船の外に流れ（溢《あふ》れ）、新しい湯に入れ替わるのがイチバンです。でも、日本にはカケナガシもありますが、全ての銭湯にそんなやり方はできません。最近は、湯を循環させるシステムが多くなっています。

銭湯の湯船の中をよく見ると、網状の金属でできた排水口のようなものが何カ所か見えます。その穴から湯が排水され（システムから見ると湯を吸収し）、銭湯の設備がそれを消毒したり浄水したりして、他の穴口から綺麗になった湯を湯船に入れるわけです。

まず、韓国では、こういうシステムがありません。湯の温度を一定に保つために循環はしていますが、消毒や浄水はしないところがほとんどです。新しい、または規模の大きい銭湯ならちゃんとしたシステムを備えていますが、まともに機能しているとは思えません。

東大邱《ドンデグ》にあるGは、日本語や中国語で歓迎メッセージが書いてあり、積極的に外国人観光客を誘致するスーパー銭湯（チムジルバンという、簡易宿泊施設を兼ねています）です。

二〇一五年に訪れた時、店中に「新しいシステムを導入した」「浄水消毒がすごい」など宣伝がたくさん貼ってありました。しかし、日付は違いますが、朝早い時間には透明だった湯が、午後二時には明らかに違う色のものになっていました。

慶尚道《ギョンサンド》のN温泉、T温泉、C銭湯の場合も、かなり大規模な施設です。

それぞれ二時間くらいの観察結果ですが、湯船の中に穴口が二つ見えるものの、湯を吸収して循環させる装置は機能していませんでした。湯を吸収するほうは、手で触れるとほんの少し振動が感じられるものですが、そんな振動が感じられません。

NとTの場合、小さな湯船（熱い湯のほう）では、もちろん痛いほどではありませんが、指が「吸い込まれる」流れを感じることができました。大きな湯船だけ、OFFになっていました。

なにより、こんなシステムを備えていない古い銭湯でも、湯がずっときれいに管理されているところもあります。幸い、家の近くにあります。湯船には、湯を捨てるための排水口しかなく、大きな水道の蛇口から湯が出ます。でも、湯はきれいです。

韓国では、循環システムが「意味あるの？」状態だと言えましょう。

でも、濁っているだけならまだマシかもしれません。

忠州《チュンジュ》のS温泉、大田《テジョン》のY温泉でのツラーイ経験ですが、なんと、謎（知りたくない）の浮遊物が湯を漂《ただよ》っていました。それでも浸かっている人が何人かいて、もうホラー映画です。週末の夕方とはいえこれはあんまりだと思いました。

銭湯五十九カ所中二十四カ所から「レジオネラ菌」が検出！

ちょっとだけ日本旅行の話に戻りますと、温泉から出て、姉も姪も横浜からみなとみらいの街並みがとても気に入ったらしく、時間さえあればもっと見て回りたいと言っていました。本当は、この街の夜景を見せてあげたいものです。桜木町駅から大さん橋ターミナルまで一時間くらいの夜の散策は、もう最高ですから。でも、それもまた今度。桜木町駅まで戻らず、そのままタクシーに乗りました。窓からの景色で、今回は我慢願います。

横浜駅までの間、ドライバーの方と温泉の話になりました。乗ったのが温泉施設の前でしたから。日本は湯が綺麗で気持ちがいいと私が言ったら、ドライバーの方は「そうですか、それはよかった」と嬉しそうなお顔で、少し間を置き、「湯を出しっぱなしにして、湯船の外に流してますからね……たぶん」とおっしゃいました。

その通りです。詳しいことまではわからなくても、やはり自分の目で見て一番安心するのは、湯が湯船の外に流れる（少しだけ溢れる）ことです。

いくらマナーの良い客だけが集まる銭湯だとしても、大勢の人が湯に浸かっていると、湯はどうしても少しずつ汚れることになります。いくら気をつけても、客の髪の毛が湯に落ちたかもしれません。だから、店としては、何かの方法で湯が湯船の外に少しずつ流れるようにしておきます。

韓国の銭湯の場合は、湯船の縁《ふち》に二～三カ所、「凹」を作っておきます。そこから湯が湯船の外に溢れるようにしてあるのです。湯船の湯は、何かのセンサーがあるのか、いつもこの凹の下の縁と同じ水位を維持するようになっています。だから人が湯船に出入りするたび、少しずつ湯が溢れます。さすがにすべての施設が同じようにできているわけではありませんが、多くの銭湯でこの凹を見つけることができます。

ですが、ほとんどの銭湯、私の感覚だと約九割は、この凹の部分を何かで塞《ふさ》いでいます。四～五年前まではレンガなど適当なもので塞ぐところが多かったですが、最近は永久的に（湯船と同じに見える材料をセメントで接着して）塞ぐところが多く見られます。

では、どうなるのでしょうか？　先にも書きましたが、循環システムがたいして役には立たない状態で、湯船の水位は凹の下までしか上がってきません。凹は塞いでありますから、湯が湯船の外に溢れません。水位がなかなか減らないため、湯を加えるセンサーは反応せず。湯に落ちた髪の毛など浮遊物が、湯船の外に出て行く「通路」がない状態になります。

このまま空気を出す（気泡《きほう》を噴出する）機器だけONにしておくため、汚れた湯が湯船の中でグルグル回っているだけの状態になります。店からすると、水位が減らないから湯の節約にはなるかもしれませんが、客のマナーの悪さなどもあり、湯は急速に汚れていきます。

現状は、データとしても現れています。二〇一二年七月十九日の朝鮮日報の報道で、ソウル市が二〇一二年四～六月、大型建物・銭湯・サウナ・総合病院冷却塔水など二百八十四カ所の衛生状態を点検した時の結果です。

検査対象の中で銭湯（温泉含め）は五十九カ所でしたが、そのうち二十四カ所からレジオネラ菌が検出されました。総合病院五十五カ所の中の八カ所からも検出されたそうですから、深刻ですね。

さすがに全数調査ではないものの、単純比較だとソウル市内の銭湯の約二分の一からレジオネラ菌が検出されたことになります。当然といえば当然の結果ではありますが、さらに、記事では「市はレジオネラ菌が出てきた建物の清掃と殺菌消毒を指示し、あとに再検証する方針だ」としながら「ソウル市の福祉健康室もレジオネラ菌の予防管理強化のために、菌が検出されると過怠料《かたい》を請求できる行政処分基準を新たに作成してくれるよう、保健福祉部に提案している」とのことですが……言い換えると、二〇一二年七月の時点で、まだレジオネラ菌の行政処分基準すらできてなかったことになります。

韓国で綺麗な湯に浸かる方法

蛇足になりますが、韓国で綺麗な湯に浸かりたいなら、三つの方法しかありません。

まず、朝早い時間を狙うことです。日本には朝十一時、午後二時から営業する銭湯もあるようですが、韓国ではほとんどが朝五時前後から営業を始め、二十時には終わります。十九時あたりからは客がいてもいなくても勝手に掃除を始めるので、十八時には銭湯に入る必要があります。スーパー銭湯でも二十二時には終わります。

最近「二十四時間営業」と書いてあるところが増えましたが、付帯施設のごろ寝できるスペースだけを二十四時間利用できるという意味で、銭湯は二十時に終わります。え？

二十時に終わると、退社してから間に合わない、ですって？　私もそれが疑問ですが、韓国では仕方ありません。ですから、綺麗な湯が欲しい人は、人がほとんど浸かってない朝五～六時を狙うのです。ただ、すべての銭湯が毎日湯を替えているとはかぎらないため、ハズレの時もあります。何年か前、わざわざ「王の温泉」と呼ばれる忠清南道《チュンチョンナムド》のS温泉を朝六時に訪れましたが、湯は汚れたままでした。

春か初夏の暖かいシーズンを狙う手もあります。韓国人は、暖かくなってからは、銭湯や温泉をあまり利用しません。洗ってもすぐ汗をかくから、ちゃんと洗う必要がないと思っています。人が少ないから、その分、湯が綺麗です。夏休みがオンシーズンとなる日本の温泉業界とは違って、韓国では、真夏になるとほとんどの銭湯・温泉は「内部修理中」という理由で、二～四週間休みます。誰も来ないからです。もちろん、本当に修理をすることはありません。誰も来ないから、営業を休むだけです。

逆に、秋や冬には利用する人が増えます。「寒いから銭湯に浸かりたい」というのは日本も韓国も同じですが、実はこれには裏の事情もあります。

まず、韓国には湯船がない世帯がまだまだ多いため、家で洗うと寒いからです。また、韓国は家の床に配管が設置されていて、灯油ボイラーでそこに湯を流し込んで床を暖める

「ボイラー床暖房」が主流となっています。これは、「薪《まき》を焚《た》いてその熱を利用して床を暖める」昔ながらのシステムの再構成です。

昔は、もっとも気持ちよく暖まる所を「アレッモク」といい、年長者たちの敷布団をそこに置いたりしました。しかし、このシステム、家の設計やボイラーの性能にもよりますが、今になってはエネルギー効率が良いとは言えません。冬になると暖房費用がかかりすぎます。ボイラーを操作して部屋一つだけに湯（床への熱）が通るようにして、その部屋で家族全員が寝ることもあります（「どこの難民収容所だ」とバカにされたりします）。

でもこれはこれで気をつけないと、床の配管が「凍破《ドンパ》」（中の水が凍って水道管など配管が破裂すること）する事故になったりします。ちょっと古いマンションやアパートでそんな事故になると、下の家に水が落ちてきて、エライ騒ぎになります。ですから、冬になると、暖房費を節約するための必死の戦いとなります。韓国の住宅街を歩いていると、練炭暖炉の煙突《えんとつ》や、道端《みちばた》に捨ててある練炭の灰を見つけるのは難しいことではありません。

去年（二〇一五年）の冬には、部屋にテントを建ててその中だけ暖房する「テント族」という言葉が流行ったりもしました。その中でもボイラー暖房の最大の問題が、「給湯」機能です。ボイラーのスイッチを「給湯」にして少し待つと、熱い湯が出るようになります。それを湯船に貯めて浸かります。その際のエネルギー効率が、とくに古いボイラーの場合、かなり悪いことが明らかになっています。だからといって、韓国では保証金を預けて家を借りる「傳貰《チョンセ》」という制度を利用している人がまだまだ多いため、大家の許可なしにボイラーを変えることもできません。

そんな事情から、「冬には銭湯に行ったほうが安い」という考えができたわけです。韓国の銭湯料金は、スーパー銭湯でも円にして五百円〜六百円。本当にそのほうが安いのかどうかは、よくわかりません。

最後に、スマホゲームでガチャ（運任せの課金アイテム）でも回す勢いで、どこか良い銭湯はないかと全国を回ってみる方法です。ロマンはありますが、車で二時間くらい走っていると、たまに「ちょっと待て。私は今何やってんだ」と絶望に襲われることもあります。でも、私はよくやります。たまーに、レアキャラがアタリます（いい銭湯に会えます）。銭湯の湯は綺麗なのが普通だから、そこまでするのはおかしい、ですって？　いや、韓国ではそうでもありませんので。綺麗な湯が普通だとお思いなら、それはとても幸せな環境です！

私が欲しいのは、「洗い落とす場所」ではありません。それなら家で洗っても十分です。

休める場所、「癒《い》やせる場所」が欲しいのです。日本の温泉・銭湯では、いつも「癒やし」を得ることができました。夕方に訪れても湯は綺麗で、洗ってから目が痛くなったり赤くなったりすることもありません。

「他の人たちと共に使う場所だ」という感覚が、銭湯ほど強く感じられる場所は他にありません。自分が信じていたことが自分の目で確認できなくては、癒やしは得られません。

そういうややこしい意味での「癒やし」もまた、日本の銭湯からは手に入れることができました。

「原価をかけていないもの」を見下す韓国人の職業観

ついでになりますが、「テミリ」(アカスリ)のことも少し書き加えたいと思います。

韓国のアカスリは、物価を考えると安いほうです。男性の場合、マッサージなしだと千五百円、高いところでも二千円程度です。社会的に、イメージが良くないからです。見下されているというか、そんな感じですね。ちなみに、タクシーなどの「運転手」も同じで、彼らの社会的地位(に対する一般的な認識)は低いと言わざるを得ません。

韓国人は、「原価をかけていないもの」を、いつも見下します。だから「ブランド価値」

「著作者の権利」「知的財産」のようなものを認めません。「体を張る」仕事に対しても、その考えは同じです。そんなの誰にもできるじゃないか、としか思わないため、ノウハウ、創意性、職人のような存在をあまり評価しません。

医師や弁護士の親に対して、「子を医師や弁護士にするにはお金がすごくかかるのに」というのは、韓国人の間ではものすごい褒め言葉になります。医師や弁護士と結婚したかったら、嫁のほうから鍵を三つ持って来るべきだ（夫の事務所、マンション、車を用意してその所有権を持って来い）という考えも、そこから来ています。

ウォン高で日本旅行が流行っていた頃、盧武鉉《ノ・ムヒョン》（二〇〇三〜二〇〇八年）政権の頃だと思います。東京都内のある温泉施設で、「日本のアカスリはどんなものだろう」と思って、受けたことがあります。

びっくりしました。まさか、男湯で女の人がやるとは思いませんでしたから（専用のパンツ一丁姿になります）。これ、本に書くのも何ですが、恥ずかしくて恥ずかしくて。別に悪いことをしたわけでもないのに、なぜかアカスリの人（おばさん）に申し訳なく感じました。韓国では、男湯は男性が、女湯では女性がやります。でも、ものすごく丁重にしてくれたので、リラックスできたのも事実です。

このアカスリ場では二人の施術者が頑張っていましたが、二人がいきなり韓国語で「ある人」の悪口を言い出しました。その「ある人」は、二人が韓国にいた時の、（銭湯の）店主のようでした。どれだけ私たちを苦しめたのか、あそこをやめて今日でもう△年目だ、せいせいした、そんな内容でした。

小さな声で、わざわざ韓国語で話したのは、客に聞かれたくなかったのでしょう。ずばり、私が韓国人だと気づかなかったようでして。いや、わたしもその二人が韓国人だと気づきませんでしたが。

もう一人のほうのお客さんが終わってから、私は少し面白いと思って、アカスリのおばさんに「（韓国語で）あ、韓国の人でしたか」と声をかけました。

「えーっ！」と、おばさんは、びっくりして後ろに倒れそうになりました。おばさんは慌《あわ》てて謝りましたが、私も慌ててそういうつもりじゃないと話しました。

その後、少しの間だけ、パンツ一丁のまま会話しましたが、そのおばさんの話だと、韓国にいた時には、毎日が喧嘩の連続だったそうです。店主と、客と、ほぼ毎日、誰かひとりとは喧嘩になった、と。最初は、自分が負けてやればそれでいいと思ったけど、そうでもありませんでした。たとえば、店の人にある件で「私が悪かったです」と認めると、一年後二年後になって、まったく別の件で喧嘩になった時、相手はそれを掘り返してくるのでした。

だから、いつからか、おばさんは「自分から先に喧嘩を売ったほうがいい」と思うようになりました。「今思えば、今まで自分の喧嘩相手だった人たちも、同じことを思っていたかもしれない」とも言っていました。

そのおばさんは、韓国で、日本で銭湯関連の仕事をしている人（の奥さん）のアカスリをしたことが縁になって、何年か前から日本で仕事をするようになったのですが、不思議なことに、日本に来てからは、彼女は誰とも喧嘩をしなくなりました。

最初は、彼女は喧嘩をしなくなったことを、「私が日本語ができないから」だと思っていたようです。相手の言葉を理解できなかっただけで、きっと自分の悪口をいう人もいるだろうと思った……でも違った。日本語がわかるようになってからも、喧嘩したことは一度もない……そういうことです。

そして最後に、「日本人って、本当に紳士ですよ」「韓国で、男湯で女がアカスリすると考えてみてください。三日も経たずに逮捕騒ぎになりますよ。セクハラだのなんだのでね。そしてなぜか女が先に誘ったという流れになって、女が悪いとなって、店からクビになります。よくある話じゃないですか」と話しました。

今はどうなのかわかりませんが、日本のアカスリさんって韓国人が多いですね。その翌年だったか二年後だったか、別の、同じく東京都の大規模温泉施設でのことです。

男の二人組（ずいぶん若い人たちでした。大学生？）が、アカスリしている部屋を覗《のぞ》いては「男湯で女がアカスリしてる！」「日本の女はこんなの当たり前だろう」と言っていました。韓国語で。

韓国の通説「日本の女は淫乱だ」

韓国では、「日本の女は淫乱《いんらん》だ」というのが通説のようになっていて、私が小学〜中学生だった頃には、「日本に行ってヌード写真撮りますと言うと、日本の女は平気で服を脱いでくれる」という話が有名でした。着物を「いつどこでも脱げるようにした服」と信じている韓国人が多いのも、同じ理由です。どうしても「日本の女は淫乱だ」という流れにしたがるのですね。

最近は、ネットの一角で「日本の女はなんでも夫の言うとおりにする」という理由で日本の女性と結婚したいという人も増えました。別世界を彷徨《さまよ》っている人は今でも多いようです。

男二人組がアカスリ部屋を覗いた直後、アカスリの部屋から「あ〜、疲れた」「今日はお客さん多かったね」という韓国語が聞こえてきました。そこのアカスリさんも韓国人だったのですね。大学生二人組にも聞こえたはずです。二人ともすぐいなくなったし。

彼ら大学生には、きっとアカスリ場が風俗店か何かに見えたのでしょう。「あんなことをしていると、淫乱なことになるのが当然だ」と思っていたのでしょう。それって、女を見下すつもりだったのかもしれませんが、実は自分で自分の水準を告白したようなものです。「私ならいやらしいことをするぞ」と。

先にも述べましたが、私はいつも、銭湯や温泉に対し、洗い流すことではなく、癒やしを求めています。いまのところ、それを満足できたのは、日本の施設だけでした。あのおばさんも、ひょっとすると、客とは別の形で、人と人の間で「癒やし」を手に入れたのでしょうか。

水は流れないと腐ると言われています。癒やしという感情もまた、人から人へ流れないと、腐るものでしょうか。喧嘩は、不安定の裏返しです。癒やしは、不安定の中では得られません。

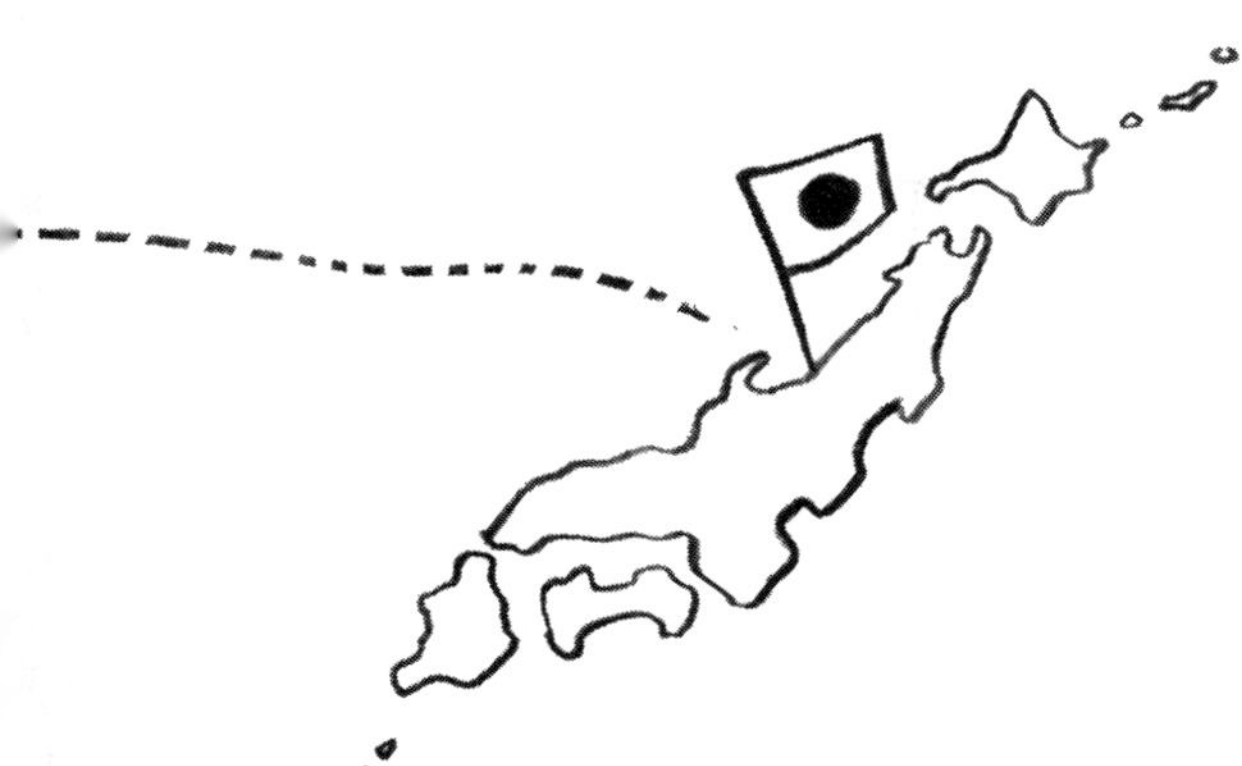

第五章

「高信頼社会」日本、「低信頼社会」韓国

「あなたはどうしたいか」ではなく「私はどうしたいか」を徹底的に貫く国民性

また羽田空港に戻ります。

出国審査のあと、ラウンジで一息しながら「楽しかった?」と聞くと、姉も姪も大いに楽しめたと答えてくれました。まだ何もかも未定ですが、次は東京からもうちょっと遠くまで一緒に行きたいですね。

そういう私も、「次はいつ来ようか」を考えていました。花火大会の日に合わせようか、それとも一人旅できる温泉旅館でも調べてみようか、早くもこんなことばかり。私もまた、帰るのが残念だったのですね。

匿名《とくめい》で本を出していると、いろいろと誤解を招くこともあります。もちろんそれらすべて「誤解だ」とすぐにでも証明できますが、もともと変わった立場でもあり、動きにくい時もあります。

韓国の某新聞が二〇一五年一月六日に〈慰安婦に日本政府は介入してないと主張する韓国人歯科医師の恥韓論、恥ずかしい〉〈シンシアリーは実名を明らかにしたらどうだ〉という記事を載せてからは、さすがに、少しは身の安全を考えるようになりました。

私が書いている内容は、韓国では明らかに反社会的なものですし、今までそういう「いまどきの親日派」にされた人たちは、社会から抹殺《まっさつ》されるしかありませんでした。慰安婦は売春に近いものではなかったのかと本に書いただけで、刑事裁判まで受けている人もいます。

そんな雰囲気では、個人情報を明らかにできませんから、誤解を招くこともあるわけです。当然といえば当然です。

何カ月か前に、そういう類《たぐい》のとある件で、扶桑社の方々といろいろ話し合うことになりました。その際、「あなた（私）の意見を最優先します」と言われたことがあります。

そういう「誤解」の類は、誤解したほうより、誤解を「させた」私に根本的な責任があるわけですが、私に責任を問わないだけでなく、意見の優先権までくれるとは。その流れから、私は「不思議な感覚」を得ることができました。

韓国人は、ある議論において、「私はどうしたいのか」を徹底的に貫き、「あなたはどうしたいのか」を最初から否定しています。

韓国人と話し合いをする時、「で、あなたはどうしたい？」と言われたことはありませんか？　それは、あまり良いニュアンスではありません。それは、「あなたも私と同じ意見だよな?」と聞いているのと同じです。

あなたが「私の考えでは〜」と真剣に答えても、相手の韓国人の敵になるだけです。

韓国人は、「私(自分)が決める」でなければなりません。

一九八六年五月二十日の京郷新聞の〈「いいえ」より「そうです」が好き〉という記事から表現を借りると、韓国においては、「自分の意見を示すことは、そのまま確認、支持、強要のためのものであり、その意見に対する反論のためではない」のです。

韓国人が意見を出すのは、「この意見に反対するやつは私の敵だ」とするため、いわば敵と味方を区別するためでしかありません。「他の人の意見を聞くため、まず自分の意見を言っておく」ためではありません。最初から自分の意見が正しく、決めるのは自分だと思い込んでいるためです。

自分の意見に反対するのはそのまま「挑戦」であり、意見の葛藤《かっとう》がそのまま人そのものの葛藤に拡大してしまう、「論争」(意見の対立)が、そのまま「人争」(人そのものへの敵視)になってしまいます。

あなたは、ひょっとするとこう思われるかもしれません。「相手の意見に合わせることが前提になっているというのか。たしかに、職場の上司との会話なら、案件の内容にもよるけど、たいした相違がなければ自分の意見を抑えて合わせてやることもあるだろう。でも、そんな関係の話し合いばかりするわけでもないし、たとえば普通に知り合いと話している時などは、そうでもないのでは？」。

たしかにその通りです。韓国人の「自分が決める」は、まるで「上司」との会話に似ています。でも、さらにもう一つ理解する必要があります。それは、「韓国人にとって、上下が存在しない関係などありえない」ことです。

「上下関係」を命より大事にする韓国

韓国人は、「上下関係」を命より大事にしています。

「決定」を「上」の特権だと考えているため、相手が自分の意見と違う意見を出すと、それを反論や別の意見、妥協や折衷《せっちゅう》への道ではなく、「相手が私を下に置こうとしている」と、上下関係の一部として見てしまうわけです。

韓国には、「上は下に何をしてもいい」「下は上から不当に搾取《さくしゅ》されているから実は下が正しい」などなど、いろいろな歪《ゆが》みが歪みを呼び、もうどこから直せばいいのかすらわからないほどの腐った上下関係が溢れています。

ただ、それは決して「強者」と「弱者」の間にだけ存在するものではありません。弱者の間でも、「同じ処遇だから助け合おう」などの考えはなく、苦しい状況下でも上下を決めようとする流れになります。地下鉄駅などで物乞いする人たちも、所詮は組織の下っ端で、金をやっても上納されるだけです。ホームレスの間でも同じことがあり、古紙拾いたちの間でも「勝ち組」と「負け組」があります。

韓国人は、そこにほんの少しでも「強弱」の差があるかぎり、それで上下を決めます。それは、知り合いや友だちとて、例外ではありません。

韓国には、「知り合いが泥棒」ということわざがあります。ちょっとマイナーな扱いですが、だからといって消滅した（使われていない）と言うほどではありません。普通のネット検索でもその意味を見つけることができます。「知り合いのほうがコワイ」「知り合いのほうがもっとひどい」など、日常でも耳にすることがあります。

ここでいう「泥棒」は、「詐欺師」「悪党」に近い意味です。真っ赤な他人よりも、むしろ知り合いのほうが、悪さ、または詐欺のようなことを仕掛けてくるという意味です。

なぜこのようなことが起きるのでしょうか。「知り合い」という立場を、悪用するからです。「私たちは知り合いではないか」と言って、相手の警戒を崩しやすいからです。そう、韓国が日本に対してよく使う「隣国」とかも、同じ類の言葉です。

それに、知り合いだから、相手のことがある程度はわかっています。その「知識」を、悪さに使うわけです。これは韓国社会の、「出世するほど規則を守らなくなる」現象と同じです。

韓国の表現を借りると「社会支配層」（大金持ちや政治家など）」になればなるほど、彼らはそれまで手にした力、知識、人脈、処世術を総動員し、「規則を守らない」生き方を選びます。その社会に対する知識や力を、社会のために使おうとせず、自分が不正しやすいよう、規則からの「抜け道」をつくるために使うのです。

「財閥問題」を始め、韓国社会の「慢性疾患」の一つです。

知り合いが泥棒の世界。相手が信じられない。知り合いになればなるほどもっと信じられない。だから、知り合いだろうと友だちだろうと、自分が上になっての上下関係を作っておかないと、安心できないのです。これが、韓国人の心理です。

「偽物の主張」を作り出し叩く「カカシ論法」

普通に友だち同士で酒を飲みながら、たいしたことのない意見の相違に、必要以上にこだわり、争う。韓国では珍しい風景ではありません。

自分の意見を認めてもらうために、さまざまな嘘をつきます。「知り合いの教授から聞いた話だが」「私の年上の親族の経験だが」「(有名な人の書いた)本から読んだのだが」、そうしたことを「根拠」として持ち出します。

ネットで韓国人と話したことのある方なら、「私は日本で□年間暮らしたから」「アメリカで△年間暮らしたから」を根拠に話す人に会ったことはないですか? それも、同じ類の話法です。

相手の意見を潰《つぶ》すために、さまざまな嘘をつきます。言ってもないことを「今そう言ったじゃないか」と攻撃します。

「併合時代に朝鮮半島の人口は大幅に増えました」という日本側の意見に対し、韓国側は決まって「数が増えるって、韓国人は豚じゃありません」と反論します。まるで、マニュアルでもあるような対応です。誰も韓国人を豚だと言っていません。にもかかわらず、「日本は韓国人を豚扱いするのか」という攻撃が続きます。

日本側は併合時代に人口が増えたことを「そのためのインフラ整備など、良い意味での管理が行き届いたからだ」と主張しているのですが、韓国側は「人と豚は違う」、さらには「日本が人を豚のように言った」という、ありもしない「偽物の主張」を作り出し、それを叩くことで、日本より韓国の意見が正しいとしているのです。

そういうことを「カカシ論法」（ダミー論証）と言います。韓国人は、さまざまなシチュエーションで、このカカシ論法を多用し、相手を悪者にして自分の意見を正当化させています。

韓国が「低信頼社会」である理由

ただ、そうやって自分で何かを決めても、決してその責任を取ろうとはしません。「上」は、なんでもできるから、規則や責任などは「下」の責任だと思っているからです。逃げられなくなると、決まってこう言います。「私がそんなこと知っていたわけないでしょう」。知らなかったから、罪ではない、責任はないというのです。知らなかったなら最初から言わなければよかったのに。

韓国にはさまざまな社会問題が存在していますが、それらの深刻さは、決して「問題がある」ことそのものではありません。問題がいつになっても「改善しない」ことです。

今まで書いてきた「決める権利は私が、決めたあとの責任は私以外が持つ」という歪んだ考えが、「改善しない」の根本的な理由です。

ここで、お気づきでしょうか。さまざまな差が浮き彫りになります。日本で「いいえ」は反論です。韓国で「いいえ」は挑戦です。日本では「あなた」は「私」が配慮すべき対象です。韓国では「私」は「あなた」が配慮すべき対象です。

相手が信じられないのは、「自分自身が信じられない」からです。上下に拘《こだわ》るのは自分が弱いからです。

以下、蔚山《ウルサン》第一日報というローカル紙のコラム記事（二〇一六年五月十七日）からの引用となります。


「上位層の横暴の原因は、権力感である。権力感を持っている人は、自らを『他の人とは違う特別な人』と思っている。だから他人とは違う特権を享受しようとする。しかし、中間層以下の人たちの横暴は、「不信」と「不安」の心理がより大きな原因である。

彼らは、『私が横暴を行わなければ、私が損をするのではないか』と不安に思う。『私が礼儀正しく行動すれば、相手が私をカモにしようと思って、私の正当な利益を与えてくれないのではないかと』不信を抱く。

これは結局、韓国が『相手を信頼しない低信頼社会』だという証拠だ。私が善良な行動で良い評判を積み重ねても、私が危機に直面したとき、他人の助けを期待することができない社会のことだ。

いつからか『善良だ』という言葉は、『自分の利益を手にできないでいるバカ』という言葉と同義になってから久しい。『不安を越えた強迫』『競争を超えた苦闘』『不信を越えた反感』『不満を超えた恨み』に達した韓国人の意識世界にも、そろそろリセットが必要であろう」

なかなか見事な指摘です。簡単にリセットできるものなら、こんなやるせない気持ちで原稿を書いたりしない、と突っ込みたい気もしますが。

ここに、もう一つの差が見えてきます。

日本人は、「自信がないから他人と力を合わせる必要がある」と思います。韓国人は、「自信がないから他人を信じることも危険だ」と思っています。

ニッポン　サヨウナラ……いずれ、また

私は日本語が話せますし、日本が好きです。でも、所詮はひとりの観光客です。まだまだ日本社会を理解できずにいるのだと、その「不思議な感覚」が教えてくれました。

その「理解」のための知識には、喜びを得るものも、がっかりするものもあるでしょう。私が日本に日本のままでいてほしいと思っているなら、日本もまた私に私のままでいてほしいと思っているのでしょうか。その関係のために、それらの知識は役に立つものでありましょうか。それとも、知らないほうがいいでしょうか。

もう少し「深入り」できる方法はないのか、あるなら今の自分に実行できるのか。

最初から最後までいろいろ考えすぎたようですが、そろそろ時間のようです。

最後に、二〇一〇年に一緒に日本に行き、帰ってきた時、姉が作って私にメールで送ってくれた詩を紹介します。

天衣無縫　富士山の精気は憐可美麗で繊細なり
耕田鑿井　勤勉さの中に境界が整然とし環境が綺麗な国よ！

刮垢摩光　人材の知恵が溢れ文明が卓越した国と待遇され
冬温夏清　先祖の魂を重んじ制度を保存し大事に仕える孝心の国よ！
下堂迎之　謙遜な微笑で私を歓待してくれたこの国にまた来ます
ニッポン　サヨウナラ

それでは、ありがとうございました。いずれ、またお邪魔します。

●● 新書版のための新章 ●●

「日本某所の住民になりました」

「第二の人生」を求める内なる声

本書の単行本版の最後に「いずれ、またお邪魔します」と書いてから、ちょうど一年が経ちました。

その一年の間、いえ詳しくはそれより少し前、前述の原稿を書いていた頃からですが、私は日本で「暮らす」ことを本格的に考えるようになっていました。

人生には、転換というか、変化というか、家電量販店のセールイベントのように「NEWスタート」というか、言葉選びはどうであれ、ある種の「区切り」の時が訪れます。

どんな人でも、一度は悩んだことがあるでしょう。一つ喩えるなら、「就職すべきか、進学すべきか」というような悩みと、その選択の結果は、人生の区切りの一つだったに違いありません。もちろん、決めたとして、そこで終わるわけでもありません。就職するならA社にすべきかB社にすべきか。進学するならC大学かD大学か。会社員になったらなったで、大学に合格したらしたで、また次の選択を迫られ、悩み、決めていきます。そしてその結果、また新しい区切りの時が訪れます。

振り返ってみると、四十年ほどしかない私の人生にも、そんな悩みがいくつもありました。それら人生の区切りのタイミングは、純粋に自分の選択によって決まることもあるし、自分では別の選択肢が取れなかった（環境によって迫られ、そうするしかなかった）場合もあります。どちらにせよ、それらは、決して「区切り前のことを忘れる」わけでもなければ、「区切り前のことは間違っている」と決めつけるわけでもありません。繋がっています。

区切り前の生き方をした自分自身が存在するからこそ、区切りの時も、区切りのあとも考えることができます。そうやって人間一人の生き方が、持論が、少しずつできあがります。

肝心なのは、区切りの時が迫る前に、自分自身で区切りの自覚を持ち、備え、そして行動に移すことです。区切りの時がすでに来ているのに、それを否定して、または面倒くさいと思って、何も考えないようにすることだけは避けたいものです。人も、会社も、国家も、区切りの自覚と備えは、とても大事です。

私もまた、そうやって、ある時は自分の選択で、またある時は時間と場所の移り変わりに伴い、いくつかの区切りを経験しました。そして、歯科医院を開き、それが運良くうまくできて、安定した人生を歩むことができるようになりました。安定した暮らし。その素朴だけど意外と難しい夢を達成できました。

しかし、ある時、妙なことを考えるようになりました。「もうこれ以上の区切りは、私の人生にはないのだろうか」。

贅沢《ぜいたく》すぎて思考がおかしくなったのか、それとも向上心をなくしたくなかったのか。退屈だっただけなのか、哲学的な何かなのか。いずれなのか、今でもはっきり言いきれません。ただ、その考えは、時間が経つにつれ、少しずつ具体的になり、「私の人生には、まだまだもっと楽しい何かがあるのではないか」。そんな曖昧《あいまい》な苛立ちで現れました。

実体が確かなら、その苛立ちに「ぶつかってみる」こともできましょう。しかし、曖昧だから対処の仕方もすぐには把握できません。「似たような経験あり」な方ならおわかりでしょうけど、これは、人に相談しようにも、うまく話せません。言葉にまとめるのが難しいからです。そしてその苛立ちが、少し大げさに書きますと、「第二の人生」を求めている自分の声であると気づいたのが、ちょうど、一年半くらい前のことです。

第二の人生。「転職」や「移住」などがそうです。リストラされて仕方なく別の会社に入るとか、経済的に追い込まれて他国に出稼ぎに行く場合もあるでしょうけど、幸い、私の場合は、自分ですべてを決める余裕がありました。

でも、自分で決める権利がある分、すべての責任もまた自分にあります。なにせ、やらなくてもいい選択をするわけですから。それは、「高校生になった」や「成人になった」などとは根本的に違う、強力で、危険で、だからこそのロマンもある、「人生最大級の区切り」になります。

今、なぜ日本に「移住」するのか

そんな第二の人生として、私は日本滞在を求めるようになりました。別に急にそう思うようになったわけでもありません。ずいぶん前から、そう願っていました。ただ、実際に行動に移す気持ちになったのは、一年半くらい前のことです。ちょうど、本書の単行本版の原稿を書いていた頃です。第五章の最終項に「私は日本語が話せますし、日本が好きです。（中略）もう少し『深入り』できる方法はないのか、あるなら今の自分に実行できるのか」と書いたのが、日本への移住のことでした。一年前に気づいた方、おられますか？

ブログにこの件を告知したら、様々な意見が寄せられました。「来るな」という超シンプルなお断りから、「これで安心できます」という、反日思想に関する本を書いている私の身の安全を心配してくれるコメントまで、本当にいろいろありました。

ただ、「なぜ日本に来るのか」ではなく、「なぜ韓国を捨てるのか」または「なぜ韓国から逃げるのか」と聞く人が多いことは、さすがに気になりました。五～六年前なら、私もそう思ったかもしれませんが、今は違います。「善悪論」を捨てたからです。

なぜ第二の人生で日本を選んだのか。どこか静かなところでのんびり過ごすこともできたではないか。自分自身にそう問うなら、いくつかの答えが浮かび上がってきます。

そのなかでも一つだけ、もっとも揺るぎないものを書きますと、それは「日本が好きだから」です。好きなものに関して「もっと知りたい」と思うのは、当然です。親本の最後にも書きましたが、知ることで、むしろガッカリすることもあるでしょう。でも、それらもすべて含めないといけません。

「好き」に、良いも悪いも、上も下もあるものですか。「好き」でないのは「嫌い」なのか？　違います。「選ばなかった」は、「捨てた」なのか？　それも違います。そんなの、善か悪かの二択の縛り、「世の中のすべては善と悪に分けられる」という「認知バイアス」（勘違い）にすぎません。

自分の人生、自分の気持ちに率直に決め、そしてその自分自身の決定に対して「誰にも迷惑をかけない」という自信を持ち、より好きなほうを選んだだけのことです。

もちろん、日本移住を決心するようになった理由には、「条件が揃った」というのもあります。条件というか、環境づくりもちゃんとしないで「好きなんだよ」と暴走するだけでは、自分だけでなく、周りにも迷惑を及ぼすことになります。ただのストーカーです。

条件と言っても、短い文章で説明できそうなものだけ書きますと、まず、日本語が自由に話せることですね。言葉の力がなかったら、移住なんて絶対に無理だったでしょう。

加えて、兵役の義務から繋がる、「何かの国家非常事態に招集がかかる年齢」を超えました。普通、韓国人の男は、兵役を終え、それから予備軍に編成され、それからは民防衛隊員になります。「民防衛」は表向きには民間組織であるため、公式に民防衛隊員が招集対象なのかはいつも議論の的です。でも、事実上の政府主導組織ですし、災害や敵の攻撃などには民防衛隊員は進んで参加しないといけないことになっています。兵役の延長線とされる民防衛訓練は、一般的に四十歳までです。

そして、俗な内容ではありますが、「余生に使える分の資産を貯めた」のも大きいです。日本では歯科医師として診療することができませんから、どうしても収入が減ることになるでしょう。だから、アーリーリタイアのつもりで、周りに迷惑をかけずに生きられる資産（特に現金）とその運用も考えておかないといけません。とても大事な事案です。このように、好条件が揃ったところで、「好き」という原動力が働いたわけです。

一部の読者の方々には、「え、日本移住の理由って、これだけ?」と思われるかもしれません。もっと大河ドラマのように壮大な理由があったのではないか? 朴槿恵《パククネ》前大統領の弾劾《だんがい》騒ぎなどで韓国を捨てる決意ができたのではないか? そんな内容もネットの一角では目にします。

興味を持ってくださる方々が多いのは嬉しいことではありますが、ここだけの話、私の移住はそんな大それたものではございません。もちろん、他にもいろいろ理由がありますし、考えたこともあります。でも、長くなりますし、「日韓比較論」という本書のテーマとも外れるので、それらについては次の本にもうちょっと詳しく書かせてください。

ただ、それらの考えに至った経緯には、シンシアリーのブログや本の執筆で、私なりに韓国の問題を分析し、身につけた持論が、大いに役に立ちました。

先に書いた「善悪論を捨てて考えるようにした」のも、その一つです。

日本で暮らしたい大作戦——在留資格の取得

話を「アイ・ラブ・ジャパン」に戻しますと、「好き」に良し悪しはないと思いますが、現実問題として、好きにも「権利」と「義務」はあります。私の感情も大事ですし、他人の感情も大事です。でも、この場合、それ以上に大事な絶対条件があります。「日本が好きだから、日本で暮らしながら日本のことをもっと知りたい」が私の権利なら、私はその権利に伴う義務を果たすことができる人間なのでしょうか。すなわち、私が「日本国で暮らせる法律的条件を満たしているかどうか」です。

新しい革袋を欲しがるだけなら、感情です。大事なのは、私の夢見ている「第二の人生」という名の「新しい酒」です。「新しい革袋に入れるほど価値のある新しい酒を持っているのかどうか」、その酒の価値を、他でもない日本国の法律に聞いてみないといけません。

さっそく、私は日本国に私の「日本で暮らしたい大作戦」の評価を問うことにしました。一般的な表現としては、「在留資格の取得」と言います。日本の皆さんは、「日本で滞在できる資格」というと、とても異質な言葉に聞こえるでしょう。でも、外国人が日本に滞在するには、日本国公認の「ビザ」（就労ビザなど）が必要であり、そのビザを得るには「在留資格」が必要です。在留資格なしに、日本で仕事ができる就労ビザを得ることもできなくはないですが、韓国側のネット情報で恐縮ですが、それは「事実上、不可能だ」と言われています。

ビザなし、パスポートだけで入国できる場合もありますが、それは短い期間、特に観光に限られます。

もし、外国人がビザなしで日本に入国したなら、ほとんどの場合は観光を目的とすることが前提となります。その人が日本内で、例えば何かの仕事をして収益を得た場合、それは観光ではないため、入国管理法違反となります。

話がズレますが、韓国の反日市民団体の人などが日本に入国する際、その団体の性格などをいちいち調べて対処するには時間もかかるし、「反日団体だから」という理由だけで入国を制限するには名分が足りない時もあります。

そんな時、「申告されている入国目的と違うではないか」をチェックしたほうが、彼らの入国を防ぐにはとても効果的ではないか、と私は思っています。

彼らはほぼ間違いなく「観光」で入国し、観光客としてカウントされます。いつだったか、日本に来て女性を口説き、「寿司女（日本人女性への俗称）は簡単に落とせる」などとYouTubeに動画を載せて広告収益を得る「YouTuber」の韓国人もいました。そんな人たちも、ほぼ全員が観光目的で入国したわけで、YouTuber活動（＝YouTubeで収益を得る）目的での入国なら、これは入国管理法違反です。

そんな場合も、法的に「入国目的そのものに違反した」として、「次は入国禁止」にすべきではないでしょうか。

日本でお金を稼ぐことができるかどうか

在留資格には教授、芸術、宗教、報道、経営・管理、医療、研究などいろいろな公式カテゴリーがあります。もちろん、各カテゴリーには、それぞれ複数の職業が含まれています。Aという人が日本の在留資格を得ようとした場合、まずAは日本の入国管理局（以下、入管）に「〇〇という職業で日本で働きたいです」と関連書類を申請します。そこでは、日本国が「Aは〇〇業で、日本で暮らしていけるのだろうか」を判断するための書類が求められます。

私の場合、残念ながら歯科医師ライセンスが日本では使えないので、歯科医師としての自分は休業することになります。それに、「日本内」に歯科医師として実績を残していないので、ライセンスが使えるとしても、日本内の病院や大学から招待でもされない限りは、在留資格の取得は難しいでしょう。日本でそれなりの実績を上げている「著述家シンシアリー」として日本で経済活動に参加していくことで、在留資格を取得しないといけません。

「著述家」は在留資格カテゴリー「芸術」に値《あたい》するため、芸術の在留資格となります。芸術……と言われると、書いている本の内容といろいろ違う気もしますが、著述（作家）、作詞作曲などもすべて「芸術」に分類されます。

一方、在留資格申請者の資産、例えば銀行口座にどれだけ預金があるのか、不動産はどれだけ持っているのか、そんな内容の書類提出はありません。お金持ちなのかどうかではなく、これから「該当職業」で日本内で生活できるのかどうか、それだけです。

実際にやってみてわかったことですが、私という人間が「今まで韓国で歯科医師として頑張りました。お金もあります。本当です」と必死に訴えても、それが日本での在留資格取得の成否に大きな影響を与えることはありません。日本からすると「それがどうした。そんなことより、これからどうするつもりなのか」が大事です。

また、在留資格を取得した以外の職業でお金を稼ぐことは、禁じられています。例えば著述家として在留資格を取得した私が、著述以外でお金を稼ぐと、それは違法就労となります。在留資格は定期的に更新し、再審査を受けないといけません。私の場合は一年に一回です。よって、違法就労などがバレたら、次の更新は無理になります。

そうやって更新を続け、これといった問題なく五年以上の滞在ができた人は、自分の意志で「帰化」（永住、日本国籍取得）を申し込むことができます。

「著述家」としての在留資格取得に成功！

とりあえず、この在留資格を取得して「芸術シンシアリー」（？）にパワーアップしないと、第二の人生も第三の人生もありません。普通は、日本国内の会社が「B国のCさんという人を雇いたい」と必要な書類を用意して入管に提出するパターンが一般的ですが、私の場合、どこかの会社に就職するわけではないので、自分でやるしかありません。よって、私は日本の行政書士、Iさんと契約して、日本国内での手続き（入管への書類提出など日本現地にいないとできないこと）はお任せしました。

もちろん、「私」がシンシアリーであることを韓国人には知られたくなかったので、日本人の方を選びました。幸い、行政書士Iさんはとても有能で博識な方で、しかも「シンシアリー」や拙著『韓国人による恥韓論』（扶桑社新書）を知っていましたので、話がスムーズに進みました。

ただ、これはあとで韓国の外交部でも銀行でも日本大使館でも同じことを散々言われることになりますが、私の場合は「ものすごく珍しい事例」だそうです。移民制度のない国に、現地の会社から呼ばれてもないのに自分の意志で一人で渡っていく人は、そういないようです。

とにかく、Iさんからは、在留資格の取得には三カ月はかかる、最近は審査が厳しくなっているので、もっとかかるかもしれません。そう言われました。

私もブロガーですから、ニュースは結構チェックしています。韓国人の行政書士が、大勢の韓国人から日本での在留資格を頼まれ、書類などを捏造《ねつぞう》して入管に申告、何十人もの韓国人に在留資格を取得してやったというニュースも記憶に残っています。ですから、Iさんの言葉に大いに納得できました。

でも、運が良かったのか、結果から申しますと、申込みから約一カ月後、私は「芸術」（著述家）としての在留資格の取得に成功しました。私が描いた第二の人生は、日本国から公式に「許可」を得ることができたのです。

さて、申し込みから取得まで、そして取得から実際に日本に入国するまで、私のほうから用意できるありったけの書類をIさんにお渡しして、私は韓国内で日本滞在に必要な書類を集め、いろいろやらないといけなかったわけですが……ここから、「比較論」に戻ります。

韓国では書類手続きでも「ゴールポスト」が動くのが当たり前

日本も韓国も、「書類、書類」とうるさいのはお互い様です。これは、大前提として書いておきます。でも、皆さん、ご存じでしょうか。そこには致命的な差があります。

結論から書きますと、日本の場合、要求された書類をちゃんと揃えることができれば、それでいいのです。しかし、韓国では、書類を揃えても、「いや、これじゃなく、別のです」と言われます。後になって「ゴールポスト」が動くのです。

書類といっても、日本側から要求されたものは、入管への提出書類（私がシンシアリー本人であり、今までどんな内容の本を日本で出し、どれだけの実績があり、これからどんなことをやろうとしているのかなど）、役所で必要なもの、家の購入や登記に必要な書類、日本の銀行に預金口座を作るための書類（在留資格とビザ関連の証明書類、印鑑や住民登録関連、そして日本で使えるハンコの用意）でした。なかには「どうすれば用意できるのだろうか」と戸惑うものもありましたが、扶桑社の方々と行政書士Iさんの助けを借りて、なんとかなりました。

そして、日本現地の銀行や役所の方々が「どんな書類がなぜ必要なのか」を正確に説明してくれたので、万事スムーズに進んだとはちょっと言えないものの、要求されたものをちゃんと用意すれば、それで済みました。

一つ、面白いエピソードを書いてみます。

韓国でもハンコは普通に使っていましたが、日本で使う印鑑を新調することにしました。そこそこ高い印鑑を注文し、三本作りました。もちろん、漢字です。韓国でも印鑑用の圖章（ハンコ）はほとんど漢字です。ただ、最近は漢字を読めない人が多すぎて、ハングル（韓国語）ハンコも増えているようです。

まだ韓国にいた頃、日本の某店にネット注文し、手元に届いた時にはすごく嬉《うれ》しくて、日本酒で洗い、ブログにも載せ、使う（捺《お》す）日をドキドキワクワクしながら待っていました。飛行機の中でも、こいつは手荷物で丁重に扱いました。

ですが、日本に来て、印鑑登録のためにいざ使おうとすると、役所のお姉さんに「在留カード（在留資格を証明するカード）にローマ字で名前が書いてありますので、漢字は困ります」と言われました。在留カードの表記そのままでないと、万が一にも同一人物だと証明できなくなる恐れもあるので、表記のままローマ字の印鑑がいいですよ、と。

確かにそれはそうでした。漢字といっても日本とは読み方が違うし、自分の名前には、日本では使わない字も含まれていますので。そのまま一番近くの店に直行し、適当にローマ字で作ってもらい、それがそのまま印鑑になりました。

うちも結構儒教じみた家柄でしたので、「かあちゃん、これ見て、ローマ字の印鑑だよ」とあとで親の墓で報告すると、どんな顔されるのか楽しみです。漢字の印鑑は、今でも家のクローゼットの某所で、活躍できる日を夢見ながら眠っています。

ここまでなら、「経験不足」と自分のせいにできるし、「思い出」という美しい日本語でニコッと笑って締めることもできます。ローマ字印鑑が必要な理由も十分わかりましたし。

実際、日本での印鑑登録の手続きはこれで完了しました。役所の方々も親切でしたし、印鑑を作る店の位置も、ネット検索しながら丁寧に教えてくれました。時間はかかったものの（時間がかかるのは日韓共通です）、役所の仕事は正確でした。

しかし、ここでですね、かなり無理やり喩《たと》えての仮の話ですが、ローマ字のハンコを作って役所に戻って、「すみません。実はローマ字じゃなくてラテン語の印鑑が必要でした」と言われたら、あなたならどうしますか？　「なんでやねん！」とツッコミたくもなるでしょう。

それと似て非なることが、韓国で実際にあったのです。

日本への資金送金で銀行、税務署をたらい回し

韓国側の手続きでもっとも苦労したのは、お金を日本に送ることでした。

とにかく、できる限りの資産を日本に移し、日本国内での資産運用をお願いするつもりでいました。「ブログで収益を得ても違法就労にならないのか」（ブログに広告を載せるプログラムのことで、「アフィリエイト」といいます）と「日本国内の金融機関を介しての資産運用で利益を得ても違法にならないのか」の二点は、どうしても気になって、Ｉさんに頼んで日本の入管に問い合わせてみました。

今まではブログの収益化はしませんでしたが、そろそろ始めてみようかと（※今年の秋頃からやろうかと思っています）。また、日本は韓国よりも低金利ですので、資産運用にも興味がありました。問い合わせの結果、「資産運用は問題なし。著述の延長線としてブログの収益化も可能」という返事をいただきました。

さて、許可も得たわけだし、目指すは日本にできる限りの資産を送って資産運用することです。でも、最低限でも、まず日本側の不動産販売会社に家の代金を送らないといけません。すでに日本の某所に家を買い、国際引っ越しの日付けも決まったので、その代金も日本の不動産販売会社に送金しないといけなかったわけです。

そういうことで、日本で口座を開きました。最近、日本での口座を悪用する外国人が多く、基準が厳しくなっているとのことでしたが、大手銀行で「生体認証システム」を使い、本人が窓口に来ないかぎり送金などはできないようにネット取り引き機能の一部を制限したら、即日できました。

これでヨシ、と胸を張って韓国に戻り、いつも取引している某大手銀行に「日本のこの口座に送金したいのですが」と相談したところ、「あとでメールします」と言われました。

韓国人は、よく知らない人へのビジネスメールにも顔文字を平気で使います。その日の夕方に来た銀行の人からのメールにも、どうでもいい顔文字と、「お客さま愛しています」など韓国では普通の形式的挨拶《あいさつ》文、そしていくつかの必要書類が書いてありました。

そのなかでも、「資金出処確認書」と「海外移住証明書」というのが気になりました。次の日、「これ、何ですか?」と聞いたら、どうやら銀行の人もよくわからないご様子。ネットなどで調べてわかったのは、どちらも移住する時に資産を海外に送金するために必要で、前者は本人が住んでいる地域の税務署、後者は外交部でしか発行しないとのこと。外交部はソウルの鍾路《チョンロ》というところにあります。家からもかなり遠いところです。

まずは税務署に行って聞いてみたら、「外国に移住する人がお金を海外に送金するためには、その金が本人のものなのか、相応の税金を払っているのか、前もって証明する必要がある」とのことです。資金出処確認書はそれを証明するためのもので、三週間はかかる、と。聞いてみれば「それはそうだ」と理解できたので、税務署に資金出処確認書を申し込みました。

結果から言いますと、この書類は、必要ありませんでした。

税務署の方にも日本での滞在のためだと結構細かく説明したつもりですが、なぜこの時に「ではこの書類は必要ない」と教えてくれなかったのか、それとも税務署も知らなかったのでしょうか。

税務署の人いわく、「今年の分はどうするつもりですか?」と。何のことかというと、私はまだ二〇一六年分の納税をしていません。韓国では「総合所得税」といい、二〇一七年五月に納税することになります。今回の海外送金の件は二〇一七年二月のことですので、まだ納税していない分の資産はどうするのか、納税してないと、二〇一六年に稼いだ分を海外に持っていくことは許せない、というのです。ごもっとも、なことです。

「あ、会計事務所の人が資料を作っていますので」と私は答えました。

「日本での滞在は移住ではない」

日本に移住するにあたり、今までやっていた歯科医院は誰かに引き継いでもらおうと考えました。歯科医院を引き継いでくれる人は見つかりましたが、丸投げしていいはずはありません。頭の痛い手続きがたくさんありますし、それに、どうしても自分の手で最後までやりたい治療もあります。昼ご飯抜きにして、予約診療だけにしても、私が診療室の外にいられる時間は、せいぜい一、二時間だけです。だから、会計事務所と契約して、税金などの手続きを任せていました。二〇一六年分、詳しくは私が韓国を離れる二〇一七年三月までの分の納税関連資料を作成し、私がいなくても、五月に会計事務所側が代理で納税できるように段取りしていました。

税務署の人は「あ、〇〇会計事務所ですね。知っています。ではそこに連絡してみます」と答えました。それで、しばらく経つと税務署から連絡がきました。「〇〇会計事務所に電話してみたけど、そんなこと知らないそうです」と。会計事務所に連絡してみたら、私を担当していた職員が急に辞めたので、「何のことか知らない」と。仕方なく、会計事務所の別の職員に初めから説明し直しました。

次に、外交部に行って移住証明書を発行してくださいと申し込んだら、「日本なら、移住証明書は発行できません」と言われました。なぜですかと聞いてみたら、日本での滞在は、「移住ではないから」だそうです。

「銀行側から移住証明書を持ってくるようにと言われましたが」と聞いたら、外交部曰く「うちは知りません」。「では私のような場合、日本に資産を移すにはどうすればいいですか」と聞いたら、これまた外交部曰く「外国に行ったら、外国人登録を行ってください。そうすれば証明できるのでは」と。「すみませんが、『できるのでは』では困りますけど」と聞いたら、その職員は何も答えず、他の仕事をするふりを始めました。「では、せめて『外交部の人からその書類は発行できないと言われた』と銀行側に伝えたいので、貴方のお名前を聞いてもいいでしょうか」と話したら、「一切お答えできません」と。職員には名札などもありませんでした。

銀行の人に電話したら、「え、そうなんですか?」と言われました。率直に言って、その反応を聞いてある程度は怒らざるを得ませんでした。でも大きな声を出しても何も変わらないし、「もう一度調べてみて欲しい」とだけ言って、電話を切りました。

仕方なく、近くをフラフラしていたら、韓国銀行(韓国の中央銀行)が見えました。警備の方に「ここ、普通に入って相談を受けてもいいですか」と事情を話したら「海外送金関連なら、いいです」とのことだったので、入って職員に話を聞いてみました。

結局、ここで聞いたのが正解で、「日本での滞在は移住ではないので、資金出処確認書や移住証明書は必要ないし、もしそれらの書類があっても資産の送金はできません」ということでした。また、外国人登録も関係ないとのことです。

韓国では「面倒だけど言われた通りにしたらさらに面倒になる」

他にも韓国銀行から聞いた話を再構成しますと、日本での滞在の場合は、円にして「一年に約五百万円（五万ドル）まで」しか送金できません。ただ、二年以上、韓国ではなく日本のみで経済活動を行ったことが証明できれば、その人を「非居住者」と認定し、二年後にはもっと多くの資産を送金でき、その際に必要に応じて送金するお金をどう稼いだかの証明（資金出処確認書など）を要求することもある、とのことでした。

家を買う場合は、契約書など購入した事実をちゃんと証明し、「不動産購入代金」枠で送金すればいいそうです。普通の銀行職員の場合、「滞在」（在留）と「移住」（移民）の区別ができていない人が多いため、ミスが多いとも。

怖いことに、韓国の銀行でも税務署でも別の役所でも、資産を日本に送金する件でかなり時間を割《さ》いて相談しましたが、どこで誰に聞いても、正解した人がいませんでした。「韓国銀行で話を聞いたらどうか」とアドバイスしてくれる人すら、一人もいませんでした。もしこの日、私が韓国銀行で話を聞かなかったら、約束した日まで不動産購入代金を日本に送ることができなかったでしょう。日本移住のすべてが台なしになったかもしれません。

韓国銀行から帰ってきた次の日、また海外送金を頼んだ地元の銀行に行って（資産をすべてそこの通帳に集めたので他に移すこともできず）、今度こそちゃんと頼みますよと、とりあえず不動産購入代金と、今年に送金できる分（約五百万円）の送金をお願いしました。その際も、銀行側が要求した書類や資料のいくつかが、問題でした。用意できたらできたで「あ、それ違いました」と別のものを要求され、用意できそうにないものを要求され「そんなの無理ですよ」と言ったら、「では、別ので終わりです」と言われたり。

ここにはいちいち書きませんが、他にも似たようなことが多くあり、役所も銀行も、書類や資料などの要求において、日本では「面倒だけど言われた通りに用意できればそれでいい」、韓国では「面倒だけど言われた通りにしたらさらに面倒になる」経験が、一生分できました。

読者の皆様のなかにも、韓国と関わるビジネスなどで、似たような経験をされた方がおられるかもしれませんね。安倍総理も韓国の「対日政策」に同じ皮肉を言っていましたが、「ゴールポスト」が動きます、韓国という国では。対外的にも、対内的な人々の生活のなかでも。

あと、これは韓国某所の某役所で、他の人たちよりかなり年上に見える（おそらく、定年直前？）公務員の方から聞いた話ですが、韓国の場合、銀行も役所も、書類の公式名称がすべて漢字でできています。銀行員も役所員も、毎日扱うことになる書類以外は、似たような発音の別のものに間違えることが多いとか。とても興味深い指摘ではありましたが、書類の名称がややこしいのは昨日今日のことでもありませんので、本当に漢字教育の廃止が影響しているのか、影響しているならどれほどなのかは、下手に言い切らないことにします。

本当は、韓国側でできることを完全に済ませてから日本に入国する予定でしたが、このようにいろいろあって、すべてが順調ではありませんでした。やっと日本の家で一息つけるようになったのが、今年三月のことです。でも、すぐに韓国に一時戻らないといけませんでした。

韓国で処理しなければならないことが残っていたからです。それは、まだ手続きが完全には済んでいなかった国際引っ越しの件や、万が一あるかもしれない何かの未払い（各種公共料金など）の最終的確認など、韓国内で行うべき手続きを完了させなければならなかったのです。そして直接家族に会って、公式に報告すること。それらを済ませて、できる限り早く日本に再入国することでした。

在留資格を得て入国したのに、すぐまた出国したわけですから、日本の入管に不本意ながら「失礼なことをした」ような印象を与えたのではという気がしたからです。

歯科医院の引き継ぎと「ありがとう」

本書が日本に「観光に来た」人として書いた本なら、まだ予定ではありますが、次の本は日本で「暮らす」人として書くことになるでしょう。よって、次はできる限り「日本でのこと」を書きたいと思っていました。二カ月くらい前、扶桑社の方から新書化と、そのための追記の話をいただいた時、「ちょうどよかった。韓国であったことは新書版の追記に書くことにしよう」と思いました。

書きたいことはいろいろありますが、ここには歯科医院でのお別れ話、姉の話、そして、家の構造についての「比較」を書いてみます。

まず、歯科医院のことを書きます。というか私が書きたくて仕方がないので、ぜひ書かせてください。歯科医師としての自分は、もうしばらくは存在しないでしょう。残念ですが、韓国での歯科医師としての自分と、日本での著述家としての自分、その両方を同時に得ることはできません。でも、両方共に「私」であることに変わりはありません。欲しいものを得るために、諦めなければならないものもあります。十七年も大事にしていた歯科医師としての自分は、もうお休みです。

ちょうど歯科医院を引き継いでくれる後任者が現れ、やっと引き継ぎ作業が始まったばかりの頃でした。引き継ぎといっても実際は「売却」となりますが、患者の診療は言うまでもなく、チャート（カルテ）や機器、薬品など、勝手に破棄したり売りさばいたりしてはいけないものを管理する法的責任もまた後任者が引き継ぐことになるので、韓国では「引き継ぎ」、または「引き受け」とよく言います。

あの時、私は歯科医院の現スタッフ（職員）の雇用承継を引き継ぎの条件に出していましたが、これは、韓国で新しく歯科医院を始める人からすると、異例のことになります。新しく採用するより高い給料を支払うことになるからです。その分とは言えませんが、歯科医院の権利金をそれなりに安くすると話し合って、やっと条件に乗ってくれる人が現れました。

ちょうどその二日後、私が歯科医院を始めた頃に、銀行融資借り入れの保証人になってくれた長老さんの補綴《ほてつ》治療（歯の機能を入れ歯など人工物で補うこと）が終わりました。最初は、私も銀行からの借り入れで歯科医院を開くしかありませんでした。当時、韓国はまだ経済破綻の荒波から立ち直ることができずにいました。でも、その長老さんが保証人になり、地元の信用金庫が、簡単に貸し出しに応じてくれました。あとでわかったことですが、その長老さんは信用金庫の理事だったそうです。

ここで言う「長老」とは、韓国のプロテスタント・キリスト教（基督教）で相応の信徒に与える、ちょっとした職位名のようなものです。流派によっては、彼らを教会の幹部のように扱うこともあります。私はある理由で今はキリスト教の信仰をやめましたが、彼のことはずっと長老と呼んでいます。

私は今まで何度も長老の歯の治療を担当しましたが、今回の補綴治療は、保険適用外ということもあって、お金をもらいませんでした。「あれ？　院長、どうして？　お金もらわないなら怖くて次から来れませんよ」と笑いながら話す長老さんに、私は「それはちょうどよかった。これが最後になりますから」と移住のことを言いました。もちろん、「勉強しに行きます」とだけ。

私が、「あの時、保証人になってくれたお礼です。これが恩返しの最後のチャンスです」と話すと、長老は何度も「ありがとうございます」と礼をしてくれました。私もまた、「いいえ、こちらこそ、ありがとうございました」と礼を返しました。長老は移住の話をしてもあまり驚かず、笑いながら「やはり、ね。やはりこうなりますね」と言いましたが、私の顔に何か書いてあったのでしょうか。

そのまま、歯科医院のスタッフたちにも、初めて口にすることになりました。「後任者が決まりました。もう話しますね」。スタッフには一人、開院の時からずっと一緒に仕事をしていた人がいます。彼女の子の乳歯を診てやった記憶がありますが、少し前に、その子は兵役から帰ってきました。その子ももうすぐ仕事を見つけ、家の稼ぎという側面でも役立ってくれるでしょう。

移住や引き継ぎなどを話したら、彼女は泣いてくれました。嬉しかったです。笑いは作ることもできますけど、涙は、そう簡単に流せるものではありません。会えてよかった、一緒に仕事をしてよかったという〝印〟でもありましょう。私はただ、「ありがとう」と短く話しました。

その後、退勤する前に、歯科医院のユニット（椅子）に手を置き、こうつぶやきました。

「長老に言ったありがとうも、みんなに言ったありがとうも、お前に言ったのと同じだよ。ありがとう」。

それからもしばらくは診療を続けましたが、予《あらかじ》め患者の予約数などを制限していたので、インプラントなど施術後のチェックが中心でした。歯科関連でもっとも記憶に残るのは、この「ありがとう」の日のことです。

韓国人にとってマンションの住民は「貴族」、戸建ては「負け組」

次に、ちょっとだけ日本と韓国の「家」の構造を比較してみたいと思います。

日本で「マンション」と呼んでいる集合住宅の類《たぐい》は、韓国では「アパトゥ」（아파트／アパート）と言います。本書では「マンション」に統一します。

第二の人生と決めたからには、そう簡単には韓国に帰ってこないぞ！　と意気込んで、今回、日本に家を買うことにしました。

韓国人にとってマンションは「上位層」のイメージを持つ存在です。一九七〇年代から、住宅街に住む人は後《おく》れている、マンションに住む人こそが、凡人たちと隔離された独自の空間を生きる「貴族」であり、住宅（韓国ではマンションでないものを「単独住宅」と言います）に住むのは、「負け組」のすることだという間違った認識が広がった結果です。

だから韓国には不思議なほど高層・多世帯マンション団地が多くあります。よほどの高級住宅でもないかぎり、住宅街に住む人はほとんどが庶民扱いとなります。

でも、日本の不動産関連情報を集めてみて、日本では、マンションといってもそこまで多世帯団地のものは珍しく、住宅も新築を含めて取り引きが活発であることに、驚きました。一時は私も単独住宅に興味がありましたが、一人暮らしで留守にすることも多く、またちょうどいい物件が見つかったこともあり、マンションを購入することになりました。

さすがに日本まで行かないとモデルハウスも見学できないし、「ＬＤＫ」という表記が韓国では一般的ではないなど苦労した点もありますが、なんとか良い縁に恵まれ、いい家を買うことができました。新築を竣工《しゅんこう》後に分譲するタイプは韓国ではとても珍しい（工事を始める前から分譲権利を売り出します）ので、そういう点でもいい経験になりました。

さて、その日本のマンションの内部構造ですが、もちろん少しずつはそれぞれ異なりますが、基本的にはこうなっている気がします。まず玄関から入ると、細い通路があって、その両側にそれぞれの部屋、トイレ、浴室、クローゼットなどが配置され、もう少し歩くとキッチンとリビングがあり、そこから大きなガラスの扉があり、ベランダと、一階の場合は庭があります。このパターンは、法的に守らないといけない部分もあって、ずいぶん前から基本的には変わっていないと聞きました。

また、内装は白い色のものが多いと感じました。韓国の場合は、壁などはとりあえず木や土っぽいイメージを出すところが多くあります。床に木調イメージの文様を好むのは、日本と韓国に共通しています。

では、韓国のマンションの内部構造はどうなっているのか、十五年くらい前の経験から書いてみます。当時、歯科医院開業のための借金をすべて返済し、少し余裕ができたので、歯科医院の近くに家を買おうとしていました。韓国には「チョンセ」(傳貰)といって、保証金を払って家を丸ごと借りる制度があります。私も家を借りていて、大きな問題はありませんでしたが、歯科医院とかなり距離があって天気によっては困ることもありました。

あの時も今と同じく一人暮らしだったので、やはりアパート(マンション)がいいかなと思って、不動産仲介業者と一緒に、何カ所か、売りに出された物件を見回ったことがあります。韓国には竣工後分譲の新築マンションはほとんどないので、私のようにすでに

「完成している」物件を探す場合は、新築を買うのはほぼ不可能に近く、見回った物件も五～十年前（一九九〇～一九九五年頃）に建てられたものでした。

どこも基本的に、「入るとすぐリビング」で、リビングがやたらと広く、「アンバン」（안방／家長夫婦またはもっとも年長者が使う、その家で一番広くていい部屋のこと）もまた広く、半面、他の部屋やベランダは狭いほうでした。日本のマンションで見られる通路などはなく、二～三つの部屋がリビングと直接繋がっている形になります。トイレもリビングから繋がっていて浴室は、トイレと一つになっています。とにかくリビングに出てこないと、家から出ることもお風呂に入ることもトイレに行くこともできません。アンバンには浴室なしの小さなトイレが付いている場合もあります。

子供の頃、まだ姉や兄が結婚して独立する前、家族全員で一緒に暮らしていた頃を思い出してみますと、確かに似たような構造ではありました。「マル」（마루）といって、板の間の空間というか、玄関とそれぞれの部屋を繋げる空間がありましたが、今ではリビングがその役割を果たすようになっている感じです。

日本と韓国の住環境の決定的な違い

この話を私の「シンシアリーのブログ」に書いたら、コメント欄では日本の皆さんからは「それでは、アンバン以外の部屋の人たち、特に青少年の場合にプライバシーはどうなるのか」という指摘が相次ぎました。

ちなみに、韓国の家の構造を欧米の家と似ているとするコメントも結構ありましたが、それはちょっと違うと思います。確かにリビング周辺だけ見るとそうではありません。しかし、欧米の家は韓国より圧倒的に単独住宅の割合が高く、二階建てのものが多いようで、韓国のマンションと構造的にプライバシー問題を比べるのは無理があると思います。

では、どうしてプライバシーを傷つけながらも、韓国の家は構造を変えないのでしょうか。コメント欄の指摘に何か答えを書きたかったですが、大学の頃に母を亡くしてからは一人でいる時間が長かったし、兵役後からは一人暮らしでした。プライバシーという問題を気にしたことはそうありません。だからそれらの指摘に「そういえばそうだな。でもあまり考えたことがないな」と困っていました。あまり考えたことのない事案を適当に書いていいはずもないですから。

ですが、ちょうど良いタイミング、私がブログを書いた四日後（二〇一七年八月二十五日）、朝鮮日報にその答えが書いてありました。日本特派員の人から家屋について話を聞く会話形式の記事で、簡略に再構成してみると、こうなります。

・日本の家に入ってみると、細かく分割されていて窮屈さがひどかった
・韓国の家の構造は、お互いに秘密などあってはならないとする韓国の「家族」に対する考えと似ている。部屋がリビングに向かって繋がっており、自分だけの空間がない。家のなかのどこからでもお互いが見え、聞こえる。家のなかで、私生活が存在しない
・日本には、家族の間でも、ある程度の距離が必要だとする情緒がある。家の構造もその考えからできている。家は狭いが、廊下があり、リビングルームを通ることなく、家族の視線を避けてそれぞれの自室に入ることができる。家のなかで私生活を語ること自体が疑問。家そのものが私的空間なのに何を言っているのかわからない
・そんな構造のせいで、日本にはヒキコモリが多い

いつものことながら、記事の内容には全く同意できないものの、韓国人が「ウリ」（우리、私たち）という共同体に対してどんな考えを持っているのかを、記事本文から垣間見

ることができます。

引用した記事は、家は「家族」の私生活空間であるから、その家族一人一人の私的生活、すなわち「個人」のプライバシーは存在しないのが当たり前だとしています。「地縁」（同じ地域出身）、「学縁」（同じ学校出身）など様々なことを名分にして韓国人は「ウリ」という名のコミュニティーを作りますが、そのなかでももっとも強いのは「血縁」（家族、親族）です。

どうでしょう。昔はどうだったかわかりませんが、「自分たちに秘密があってはならない」は、今では「ウリのなかから裏切り者を出さない」とする考えに変質しています。何もかも、弱点すらも共有しているからこそ、裏切ることができないわけです。裏切ったりして「ウリ」に傷をつけると、結局は自分自身にもいいことなどありません。

それが、そのまま、自分たちの規則を最優先するという考えになり、社会のルールよりも「共に生き、共に死ぬ」関係にある自分たちのルールを優先する考えになって現れています。

今、韓国でもっとも深刻な社会問題として指摘されている、「集団利己主義」（社会のルールを無視してまで自分の属した集団の利益だけを求める主義）こそが、その極端な現れの一面でありましょう。意図的か否かはともかく、家族が住む家の構造にもウリの考えが表れているわけです。

余談ですが、朝鮮日報の記事もそうですが日本の家は狭いという人が多くいます。ですが、実は「持ち家」と「借り家」でその差が激しいのが特徴です。借り家は狭いものが多いですが、持ち家の場合は他国と比べてもそう狭いわけでもありません。こういうのも「日本的だ」と言っていいでしょうか。

韓国の場合、地下や半地下（部屋の半分くらいが地面下にある）で人が暮らしている部屋が多く、広さより湿度や換気などの環境に関する問題が指摘されています。ソウルの場合、全体の八・八％の世帯が**半地下**で暮らしています（二〇一〇年調べ。**地下**居住世帯は不明）。どこの国も、広い家は広く、高い家は高い。それだけのことです。

今、日本で住んでいる家も、本当に買ってよかったと思っています。一人暮らしには贅沢過ぎる広さだし、まだこんなことを言うのは早い気もしますが、できればもう引っ越しはしたくありません。掃除などをしていると、つい「機能的に作られているな」と思ったりします。床暖房に頼る韓国と違いエアコンで暖房をするなど、まだ「これでいいのかな」と戸惑うところもありますが、これから季節の移り変わりとともに、すぐ慣れるでしょう。家や周辺環境のことも、もう少し詳しく書く機会があるといいですね。

韓国で小さな車が売れないのは「人に見下される」から!?

話を十五年前の物件探しに戻します。韓国である物件を見たところ、リビングは立派だったのですが、リビングに面した二つの部屋が狭く、どう使えばいいのか謎でした。さすがにまだ人が住んでいる家の中で聞くわけにもいかなかったので、外に出てから「この部屋とこの部屋は狭すぎませんか?」と不動産仲介業者の人に聞いてみたら、彼はこう答えました。

「人が来ませんからね、そこまでは」。意外な返事だったので、私がつい「はい?」と言ったら、「あ、お客様とか来た時、リビングとアンバンにはその人を入れることになりますから。でも他の部屋はそうでもないでしょう」と。当たり前のようにその人は答えました。

「あ、はいそうですか……」と、どうせ買う気もなかったので、適当に答えて会話を終えました。昔は「サランバン」といって、客を入れる部屋が別にあったとも聞きますが、もうそんなものはありません。基本的にはリビング、そして大事な客の場合はアンバンまで迎え入れます。だから、「人に見られる部分は良くする」という意味です。

今思えば、なぜあんなに広い家ばかり見せられたのか、疑問です。私は不動産仲介業者の人に「一人暮らしだけど荷物が多いのでそれなりの広さが必要だ」とだけ言いましたが。歯科医師だったから、でしょうか。

韓国で小さな車が売れないのも、「人に見下される」からだと言われています。車を買うと言うと、高い確率で「その車って何ccだっけ？」と聞かれますから。同じ心理が、家づくりにも、そして不動産仲介業者の売り方にも現れていた、ということでしょうか。

その少しあと、歯科医院と同じビルに住居用の部屋（前に大家さんが暮らしていたらしい）が空いたので、そこに住むことにしました。不便なこともありましたが、同じビル内ですから、診療開始二十分前に起きてシャワー浴びても間に合うという捨てがたい利点があり、いい選択だったと今でも思っています。

日本の自転車が「チャリン」を鳴らさない理由に驚く

家の話のついでに、住宅街で体験したことですが、「自転車」のことでまた面白い比較ができました。今までどおり、日本と韓国とでは物事を考える「優先順位」が違うという内容になりますが、別に良し悪しの話ではありません。

前述したように姉、姪と一緒に日本に来た時には歩く時間を少なくしますが、私一人で日本に来ると、それはもうすごく歩きます。世界最高級に優れている日本の大衆交通ですが、やはり自分で見て回るには歩くのが一番だからです。食事などで店に入っている時間を含めなくても、一日に六〜七時間は歩きまわります。

でも、そんな時にも、日本の住宅街を歩くことはほとんどありませんでした。今回、二〇一七年二月頃、事前にチェックしておいた物件（家）を見に日本に来た時、そこそこ長い時間、その家まで続く住宅街を歩くことになりました。これが、なかなか斬新な体験でした。

私は道によく迷う体質（?）なもので、約束時間に遅くならないように気をつけて歩いていたら、いつのまにか、後ろから近づいた自転車が、サーッと私の隣を通り過ぎていきました。「え?」と、ちょっと戸惑ったことを、今でも覚えています。もちろん、ぶつかったりしたわけではありません。なぜ自転車の「鐘」（日本ではチャリンと言いますね）を鳴らさなかったのだろう? おかしいな、と思いました。次も、その次もそうでした。サーッと、ササーッと、後ろから私の隣を通り過ぎていく自転車たち。チャリンを鳴らした人は一人もいませんでした。

しかも、静かですね、日本の自転車は。韓国ですれ違った自転車はキーコキーコと音がするのが多いため、チャリンを鳴らす鳴らさないは別にして、後ろから自転車が来てもすぐ気づきます。でも、日本では全然違いました。

なるほど、さすがはＮＩＮＪＡの国……という冗談はさておき、韓国に帰ってから、ブログにこの内容を書いてみました。

「前に人がいる時（人に後ろから近づいた時）には、自転車の人がチャリンを鳴らしたほうが安全ではないでしょうか」と。すると、日本の皆さんから「鳴らさないのが普通です」「鳴らしません。当たり前じゃないですか」というコメントが返ってきました。

理由は簡単で、「チャリンを鳴らすと人様に迷惑じゃないですか」「自転車も車ですから」です。ちょうど、自動車がクラクションを鳴らさないのと同じ心遣いだったわけです。

できないことでもとりあえず「できます」と答える韓国人

韓国でも同じく、自転車は「車」ということになっていますが、車道を走ることはそうありません。二〇〇九年〜二〇一〇年あたり、韓国には李明博《イミョンバク》大統領（当時）の国家政策として、全国に自転車道路ができました。でも、車道も歩道もすでにできているところに、自転車道路を追加で作ることなど、まだ道路整備が終わっていない一部の街以外は、無理です。だから、ほとんどの自治体が、歩道を無理矢理「削って」自転車道路を作りました。道全体の幅はそのままに、歩道の約半分が自転車道路になったわけです。

このような「上からやれと言われたらやるしかない」現象を、韓国では「剝《は》げったら剝げ」と言います。かなり俗な言葉使いですので韓国語原文は載せませんが、兵役の時、「上官が脱衣（嫌らしい行為）を要求しても、素直に従え」という意味から来た表現です。上から言われたことを「やったか、やらなかったか」だけが大事で、言われたことの効率や成果、なぜそれをやるのかについて考えることなどは、二の次です。

だから、韓国人は、あることが「できるのか」と問われると、とりあえず「できます」と答えたりします。

広い歩道を分けて作った自転車道路なら問題ないでしょう。でも、ほとんどの場合は、道幅が狭く、歩道を普通に歩いていても自転車と人がぶつかってしまいます。もともとは韓国でも自転車は車道を走るもので、「自転車は自転車道路を走らないといけない」という法律はありません。でも、韓国は迷惑駐車が多すぎて車道で自転車が走るのはほぼ無理です。だから、自転車は車道ではなく歩道を走ることになります。その歩道に自転車道路を作っておいたなら、自転車に乗る人がそれを固辞する理由はありません。

でも、先も書きましたが狭いし、韓国の歩道は日本とは違って歩道に敷いたタイルが抜けているところも多く、人も自転車も急に進路を変えることが多くあります。結果的には、どうしても自転車と人がぶつかることが多く、最悪、人や自転車がぶつかった衝撃で車道のほうに倒れるなど、事故が相次ぎました。これがちょうど、韓国で自転車ブームが起きた時期（二〇〇八年あたりから）と重なります。そんななか、自転車は前を行く人にチャリンを鳴らすのがマナーになりました。

私もまた、普通、自転車がチャリンを鳴らす、言い換えれば「歩行者が避ける」ものだと思っていました。でも、日本と韓国とでは、物事を考える「優先順位」が異なっていたわけです。日本では、自転車が避けるのが当たり前のようになっていました。避けられない場合は止まればいいし、その程度のテクニックがなければ自転車に乗るべきではないとするコメントまでありました。

自転車のチャリンは、車のクラクションのように攻撃的な音がするわけでもないので、私はあまり深く考えませんでしたが、ブログの皆さんのコメントを通じて、「やはり、いくら私が日本のことを知ったかぶりしても、考えの方向性そのものが異なることもある」

と良い勉強になりました。

日本に滞在するようになってからも、無数の自転車が私の横を通り過ぎて行きましたが、ぶつかったことは一度もありません。

姉がかけてくれた言葉――「日本に行くなら、私は止めない」

最後になりましたが、姉と兄、親族への公式報告に触れたいと思います。

「ソル」（설／旧暦の一月一日のことで、二〇一七年は一月二十八日でした）に会った時に話しましたが、三月末、もう韓国でやることが全て済んだので、日本に再入国するとしばらくは韓国に戻らなくなります。だから、「明日もう（日本に）行くよ」ともう一度挨拶の電話をかけました。兄と他の家族たちは、私が「すぐ帰ってくるだろう」と思っているようでした。特に長兄は、「愛国」と「反日」を売りにする基督教（韓国キリスト教・新教のほう）の信徒ということもあって、どうしても不満があるニュアンスでした。「疲れてちょっと休みたいのだろう。行ってこい」と言っていました。

でも、姉は、急に泣き出しました。ソルにも泣かなかったので、ちょっと意外でした。ひょっとすると、姉は、私がもう帰ってこないとわかっていたのでしょうか。

「そうだね。本当はね、お前を止めたいと思う。絶対に止めたい。いったい何が不満なのと、いったい今以上に何が欲しくて遠くへ行くのと、絶対止めるよ。でも、それができない。日本に行くなら、私は止めない。いいところに行くことだとわかっているから、止められない。礼儀正しい人たちのところに行くことだとわかっている。ご飯が美味しいところに行くことだとわかっている。私は知っているよ。自分の目で（日本を）見たんだもの。だから止められない。止めると私が悪い人になってしまう」

姉は、いつも「（家族たちが）もう少し近いところで住めたら」と言っていました。姉と私だけでなく、なぜか、私たち家族は住んでいるところがかなり離れています。私は家族が集まる日になると、「難しいね。韓半島（朝鮮半島）全域に散らばってるもんな」と冗談を言ったりします。全員集まることは一年に一回がいいところで、姉と私も年二〜三回しか会えません。だから、もっとも年長者（長女）でもある姉は、家族がもっと近いところに住んで、もっと集まるようになったらいいなと、前から願っていました。もちろん、それは口で言うほど簡単なことではありませんでしたが、今回の私の移住の件で、その夢は言葉通り夢で終わることになりました。

本書のもう一人の登場人物でもある姪が、「お母さん、本当にそう思っているなら泣かなくていいでしょうに」と、フォローしてくれました。あとで、姪は、メールのやり取りで、こんなことを言いました。「叔父さん、苦労が多いことでしょうけど、もうすぐパラダイス（日本）じゃないですか。頑張ってください」。面白いことを言ってくれたのは嬉しいけど、私の心境はちょっと複雑でした。そのメールをもらったのは、もう出国する前、ソウルのホテルでした。

どうでしょう。確かに私のような人には楽園かもしれません。でも、私は日本に住むことを決めただけで、楽園に住むと決めたわけではありません。

「観光客」ではなく、光も影も知る「住民」として生きる

日本で暮らすということは、観光客としては気づかなかった「日本の良からぬところ」にも気づくことになるでしょう。

観光客にとっての「日本」は、その人の頭のなかにあります。一部だけを見て、一部だけを知り、お祭りムードで楽しみ、お金も結構使って、そして帰ります。特に観光地というのは、人が日本を「知る」というより、観光地の特有の雰囲気によって「知った気になる」側面もあります。あとは、その人の日本は、頭のなかの思い出と、写真のなかで存在

することになります。その人が頭のなかでどんな日本を描こうと、写真を見ながらどんな感慨に浸ろうと、その人の勝手です。極端なものでないなら、本人にも、他人にも、その人の国にも日本にも、迷惑をかけることはそうありません。

住民、実際に日本に「住」んでいる「民」にとっての日本は、逆です。日本という現実の中に、その人がいます。だから住民が日本を、日本社会をありのままに認識し、自分を社会に合わせないと、他人に、自分自身に、大きな迷惑をかけることになります。

住民は、その人が住んでいる場所のいいところも良からぬところも知っています。お祭り感覚で毎日を生きることもできません。そのちょっとした証拠として、住民は、意外と地元の風景写真をあまり持っていません。引っ越したあと、携帯やパソコンのデータを探りながら「あれ、前の町の写真とかなかったっけ？」と自分でも不思議に思うことがよくあります。それは、その風景が、自分自身の近くにあって当たり前のものだったからです。毎日、見て聞いて感じている風景なのに、写真を撮って大事にする理由もなかったのです。

そもそも「観光」という言葉の語源は、その国の「威光」（威勢、すごい部分）を観るという意味です。観光という言葉がカバーする範囲が昔よりずっと広くなった今でも、国の「影」の部分を見るのは、観光とは言えません。影があるから光は幻なのか？　それは違います。両方が同時に存在して当然なのです。どこの町も、人が集まって暮らすところですから。

私もまた、完璧な人間ではありません。というか完璧な人間などいないでしょう。自分にできないことを人に強要するつもりはありません。完璧じゃなくて当然です。光と影、両方含めてこそ全体像が把握できるものです。

私は日本某所の住民になりました。私はこれから「観光客」ではなく、「住民」として生きることになります。

「知る」が増えていくことで、日本にがっかりすることもあるでしょう。今までの自分の日本観が、部分的に間違っていると気づく、気づかされることもあるでしょう。でも、それらがすべて一つになっての「知る」から、本物の「好き」が生まれます。そう信じています。

もっと日本の「好き」を見つけるために

こうして書いているうちに、自分自身、あの時と同じだなと気づきました。

あの時、私は民防衛隊員の一人として、民防衛教育を受けていました。韓国では、定期的に民防衛隊員に値する住民たちを集めて、国家の「安保」（主に北朝鮮問題）、災害時の対策などに関する教育が行われます。安保関連の教育はいつもの「反共」（反・共産主義）思想を強調するものでそう悪くなかったですが、問題はその後でした。わざわざ講師を招待して民族主義思想を隊員たちに教え込む教育課程がありましたが、それが本当にむちゃくちゃなものでした。韓国民族は優秀で、日本のせいで潰されるところだったとする内容だけでした。

講師はそんな大韓民国に誇りを持つべきだと熱く語り、「私の祖国は大韓民国です。我が祖国は世界最高の指導者の檀君《だんくん》が作った国です。だから私は生まれ変わっても大韓民国を自分の祖国に選びます」と、民防衛隊員たちに声を出して読み上げるようにと要求しました。

それは「韓国民族は優秀だ」を乗り越え、「韓国民族は優秀でなければならない」という、ある種の強要でした。異論を言ってはなりません！　という空気でした。あの日、私はこう思いました。「では、優れていないのは『誇り』の範囲に入らないというのか」。漢民族はすごくないといけないとする強要の中で私が感じた歪みと、日本を好きになってはいけないとする反日思想の中で私が感じた歪みは、どちらも韓国では反社会的、反民族的なものでした。しかし、それは同時に、本物の「誇り」、本物の「好き」への憧れを私にくれました。だから、私はその二つをつい「似ている」と思ったのでしょう。

あの時に感じた「誇り」と、こうして今書いている「好き」は、同じものでしょう。

それとも、同じではないけれどわざわざ区別する必要のないものでしょうか。

これからも、私は、嫌いなものを切り捨てるために生きるなど、息苦しい生き方をするつもりはありません。ただ、もっと好きなものを見つけるための生き方を貫きたいと願っています。

もう「いずれまたお邪魔します」で原稿を終えることはないでしょう。この国で見つけたさらなる「好き」を、これからも記し続けます。「よろしくお願います」。

本書は、二〇一六年九月、単行本として刊行した『なぜ日本の「ご飯」は美味しいのか～韓国人による日韓比較論～』（小社刊）に新しい章を加え、大幅追記し、新書化したものです

デザイン・竹下典子（扶桑社）
イラスト・フクイサチヨ

シンシアリー (SincereLee)

1970年代、韓国生まれ、韓国育ちの生粋の韓国人。

歯科医院を休業し、2017年春より日本へ移住。母から日韓併合時代に学んだ日本語を教えられ、子供のころから日本の雑誌やアニメで日本語に親しんできた。また、日本の地上波放送のテレビを録画したビデオなどから日本の姿を知り、日本の雑誌や書籍からも、韓国で敵視している日本はどこにも存在しないことを知る。

アメリカの行政学者アレイン・アイランドが1926年に発表した「The New Korea」に書かれた、韓国が声高に叫ぶ「人類史上最悪の植民地支配」とはおよそかけ離れた日韓併合の真実を世に知らしめるために始めた、韓国の反日思想への皮肉を綴った日記「シンシアリーのブログ」は1日10万PVを超え、日本人に愛読されている。

初めての著書『韓国人による恥韓論』、第2弾『韓国人による沈韓論』、第3弾『韓国人が暴く黒韓史』、第4弾『韓国人による震韓論』、第5弾『韓国人による嘘韓論』、第6弾『韓国人による北韓論』、第7弾『韓国人による末韓論』(扶桑社新書)、『朴槿恵と亡国の民』(小社刊)、著書は50万部超のベストセラーとなる。

扶桑社新書 252

なぜ日本の「ご飯」は美味しいのか
～韓国人による日韓比較論～

発行日 2017年11月1日　初版第1刷発行

著　　者………シンシアリー
発 行 者………島川 智行
発 行 所………株式会社 扶桑社
〒105-8070
東京都港区芝浦1-1-1 浜松町ビルディング
電話 03-6368-8870(編集)
03-6368-8891(郵便室)
www.fusosha.co.jp

DTP制作………株式会社 Office SASAI
印刷・製本………中央精版印刷 株式会社

定価はカバーに表示してあります。

造本には十分注意しておりますが、落丁・乱丁(本のページの抜け落ちや順序の間違い)の場合は、小社郵便室宛にお送りください。送料は小社負担でお取り替えいたします(古書店で購入したものについては、お取り替えできません)。

Printed in Japan　ISBN 978-4-594-07835-5